中国方案

中国式现代化的制度形态研究

赵志强◎著

光明日报出版社

图书在版编目（CIP）数据

中国式现代化的制度形态研究 / 赵志强著 . -- 北京：
光明日报出版社，2024. 8. -- ISBN 978 - 7 - 5194 - 8201 - 5

Ⅰ. D61

中国国家版本馆 CIP 数据核字第 2024G65P63 号

中国式现代化的制度形态研究

ZHONGGUOSHI XIANDAIHUA DE ZHIDU XINGTAI YANJIU

著　　者：赵志强

责任编辑：李壬杰　　　　　　　　责任校对：李　倩　李学敏

封面设计：中联华文　　　　　　　责任印制：曹　净

出版发行：光明日报出版社

地　　址：北京市西城区永安路 106 号，100050

电　　话：010-63169890（咨询），010-63131930（邮购）

传　　真：010-63131930

网　　址：http：// book. gmw. cn

E - mail：gmrbcbs@ gmw. cn

法律顾问：北京市兰台律师事务所龚柳方律师

印　　刷：三河市华东印刷有限公司

装　　订：三河市华东印刷有限公司

本书如有破损、缺页、装订错误，请与本社联系调换，电话：010-63131930

开　　本：170mm×240mm

字　　数：150 千字　　　　　　　印　　张：14. 5

版　　次：2025 年 1 月第 1 版　　　印　　次：2025 年 1 月第 1 次印刷

书　　号：ISBN 978 - 7 - 5194 - 8201 - 5

定　　价：89. 00 元

前　言

　　中国特色社会主义制度形态是人类制度文明的崭新形态，是中国式现代化的制度形态。中国特色社会主义制度形态是在中国从传统社会向现代社会转型时，在制度变迁过程中，中国共产党和中国人民做出的战略选择，是由中国共产党带领中国人民在革命、建设、改革和奋进新时代的历程中历经千辛万苦创立的。中国特色社会主义制度形态是社会主义制度形态在中国的具体化，是马克思主义中国化在制度领域的体现，它以科学社会主义的基本原理为指导，深深地根植于中国社会的土壤中，经过长期探索、不断改进、内生性演化而逐渐形成。一经形成，它便具有了独特的结构和特点，彰显出独特的制度优势，并随着实践不断完善和发展。

　　本书以唯物辩证法为指导，通过逻辑与历史相统一的研究方法着重从中国特色社会主义制度形态的理论支撑、历史逻辑、形成及内涵、完善和发展、优势分析等方面展开论述，主要观点包括以下五方面。

第一，思想、理念、理论形态是制度形态形成和变迁的先导。中国特色社会主义制度形态具有与西方制度形态不同的价值取向和路径选择，它坚持科学社会主义的基本原则，重新定义了西方主导下的制度现代性的含义。历史唯物主义制度观是中国特色社会主义制度构建的理论基础，科学社会主义的制度构建原则是其基本原则，中国共产党的制度构建理念是其基本遵循。这三方面体现了制度构建的一般、特殊、个别三个层面，共同构成了我国制度形态的理论支撑。

第二，中国传统社会制度造就了灿烂的中华文明，但也造成了近代以来的衰落，留下了惨痛的教训。为实现中华民族伟大复兴，各种社会力量展开了救国救民的探索，从器物层面逐渐深入制度层面，但最终都未能成功开启中国的制度现代化进程。历史和人民最终选择了在中国共产党领导下走社会主义道路，通过构建社会主义制度形态来实现国家现代化。早在新民主主义革命时期，中国共产党就围绕社会主义制度的构建展开了一系列的探索，积累了宝贵经验，并在此基础上形成了中华人民共和国成立的初步方案。新中国成立后，经过社会主义改造，我国建立起社会主义基本制度，并开始了符合国情的具体制度形态的探索，这一过程虽遭遇曲折，但为我国独特的制度形态的形成奠定了基础。

第三，以1978年中共十一届三中全会的召开为标志，中国进入了制度变革的新时期。一种崭新的制度形态——中国特色社会主义制度形态诞生，它大致经历了初步探索、全面探索和初步形成、基本形成及正式确立三个时期，逐渐形成包括政治、经济、文化、社会、生态等各领域在内的，由根本制度、基本制度、具体制度组成的制度系统，各制度子系统之间相互联系、相互制约、相互作用，形成一个有机整体。中国特色社会主义制度形态总的形成逻辑是一个立足中国基本国情和历史方位，沿着"抽象—具体"的构建逻辑展开的过程。随着实践的发展，中国特色社会主义制度形态将更加成熟、定型并不断发展完善，我国的国家治理也将日益走向现代化。

第四，中国特色社会主义制度形态发展和完善的最终目标就是实现制度现代化。在现实中，需要进一步明确实现这一目标的路径、策略及重点。必须始终坚持科学社会主义的基本原则，确保中国特色社会主义制度形态沿着正确的方向发展和完善；不断深化对制度构建规律的理性认识，确保其理念能够与时俱进；不断革除体制机制弊端，确保其始终具有自我完善和发展的品格。党的十八大以来，我国进入新的发展阶段，制度构建和制度创新的目标更加明确、路径更加清晰、举措更加务实。经过十多年的努力，经济体制改革不断创新发展，政治体制改革取得突破性进展，文化、社会、生态等各领域体制改革全面推进，中国特色社会主义制度绩效日益显现，制度优势更加彰显，制度自信进一步增强。

第五，作为中国实现制度现代化过程中的产物，中国特色社会主义制度形态既否定（扬弃）了中国传统的社会制度形态和资本主义制度形态，又突破了苏联模式的传统社会主义制度形态，特殊的构建逻辑使其具有独特的优势。中共十九届四中全会科学概括了我国国家制度和国家治理体系十三个方面的显著优势。本书认为：社会主义价值理性与制度实践的统一、人民当家作主以及中国共产党的领导是我国制度形态具有的三大根本优势，也是其区别其他制度形态的本质特征。从宏观层面看，本书重点论述我国制度形态六方面的具体优势，即有利于更大程度上解放和发展生产力，更富有效率；有利于人民享有更真实的人权和自由，更注重公平；有利于形成治国理政的强大合力，更具有聚合能力；有利于进行长远规划，更顾及长远利益；有利于社会稳定和民族团结，更具有稳定性；有利于承担国际责任和实现共赢，更具有包容性。

中国特色社会主义制度形态是中国式现代化的制度形态，它遵循人类制度现代化的一般规律，体现社会主义的先进本质，具有鲜明的中国特色、显著制度优势和强大的自我完善能力，为全面建成社会主义现代化强国、实现第二个百年奋斗目标，以中国式现代化全面推进中华民族伟大复兴提供了根本制度保证。在全面建设社会主义现代化国家的新征程上，我们要深入学习和贯彻习近平新时代中国特色社会主义思想，不断深化对制度建设的规律性认识，继续深化各领域、各方面体制机制改革，不断推进国家治理体系和治理能力现代化，使中国特色社会主义制度形态更加完善。

目　录
CONTENTS

绪 论

一、问题的提出

（一）选题背景

人类自诞生就在一定的制度形态下组织成为社会，社会发展进步的历程也是制度形态不断发展、演进的历程。随着物质文明和精神文明的日益发展，人类制度文明也不断地由低级走向高级。近代以来，随着产业革命和科学技术的发展，人类社会逐渐从农业文明向工业文明、从传统社会向现代社会转型，从"人的依赖"的时代转向"物的依赖"的时代，一种新型的、形式上追求自由和平等的，但实质上以资本为主导的较为先进的资本主义制度形态，代替了之前基于人身依附关系的封建等级制度形态，极大地解放和发展了生产力。然而，这种较为先进的制度形态先天就带有其自身无法克服的缺陷，尽管它直到今天还没有把"它所能容纳的全部生产力"发挥殆尽，但其所面临的困境日益凸显，近年来西方国家出现的"反全球化"现象正是这一制度形态面临困境的又一直接表现。无论如何，这种制度形态并不是人类所追求的理想制度形态，更不是"历史的终结"。一种更为先进的制度形态在 20 世纪实现了从思想认识上的科学抽象与论证到现实中的具体化实践，在艰难曲折中探索、积累、成长，释放出巨大的能量，这一制度形态就是社会主义制度形态，它在中国的具体化成为人类制度文明发展的新高地。

在传统与现代的碰撞中，经过革命与战争的洗礼，一个以"为中国人民谋幸福、为中华民族谋复兴"为历史使命的党——中国共产党，带领人民群众历经革命、建设和改革，逐渐探索出一条能够成功带领人民实现现代化转型和民族复兴的独特道路，这条道路就是在中国运用马克思主义基本原理、坚持科学社会主义基本原则，展开具体的社会主义运动（实践），同时构建符合中国国情的制度形态——中国特色社会主义制度形态。社会主义元素与中国元素的有机结合是中国独特的制度现代化路径最大的特点，抽象的社会主义制度理念和原则在中国的具体化，就是我国制度形态形成与发展的过程。随着这一过程的展开，中国特色社会主义制度逐渐有了具体的样貌、结构、特征，展现出其独有的形态，并随着实践的推进而逐步发展与完善，日渐彰显它的优越性。改革开放以来，我们党致力于构建一套成熟和完善的现代化制度体系，邓小平同志较早地认识到制度构建的重要性，并在 20 世纪 90 年代初就对制度构建的目标和过程做了充分考虑，他认为，"恐怕再有三十年的时间，我们才会在各方面形成一整套更加成熟、更加定型的制度"①。后来，党的十四大肯定了邓小平提出的有关制度建设的战略构想，明确提出再经过 30 年的努力，到建党 100 周年的时候形成一套更加成熟、定型的制度。在现实中，中国特色社会主义制度形态也在逐渐形成和演进当中。2011 年，胡锦涛同志在建党 90 周年大会上首次明确提出"中国特色社会主义制度"的概念，党的十八大以党的代表大会的形式再一次明确了这一概念。中共十八届三中全会将"完善和发展中国特色社会主义制度、推进国家治理体系和治理能力现代化"确定为全面深化改革的总目标，并进一步明确："到二〇二〇年，在重要领域和关键环节改革上取得决定性成果，完成本决定提出的改革任务，形成系统完备、科学规范、运行有效的制度体系，使各方面制度更加成熟更加定型。"② 以中共十八届三中全会为标志，中国的改革进入了新的发展阶段，即"以制度建设为核心的全面深化改革阶段"③。在以习近平同志为核心的党中央的坚强领导下，我国制度形态的改革向纵深推进。党的十九

---

① 邓小平. 邓小平文选：第三卷 [M]. 北京：人民出版社，1993：372.
② 中共中央文献研究室. 十八大以来重要文献选编（上）[M]. 北京：中央文献出版社，2014：514.
③ 王怀超. 当代中国改革进入新的发展阶段 [J]. 科学社会主义，2013（6）：10-18.

大报告再一次重申中共十八届三中全会确定的改革总目标并将其写入党章，同时明确了开启全面建设社会主义现代化国家新征程后分两个阶段实施的具体指标。中共十九届三中全会审议通过了《中共中央关于深化党和国家机构改革的决定》，中共十九届四中全会审议通过了《中共中央关于坚持和完善中国特色社会主义制度、推进国家治理体系和治理能力现代化若干重大问题的决定》，并做了进一步的安排部署，我国制度领域的改革取得重大进展。党的二十大明确指出，经过党的十八大以来十年的全面深化改革，"中国特色社会主义制度更加成熟更加定型，国家治理体系和治理能力现代化水平明显提高"①。先进的思想、理念、理论是制度创新的先导，现实的需要呼唤理论研究上的新进展。伴随中国特色社会主义制度形态的继续完善与发展，它所承载的制度优越性要想充分发挥，首先需要认识上的不断深化、理论上的不断创新，本书正是在这样的背景下应运而生。

（二）研究意义

从某种意义上讲，制度形态是理念形态与现实形态的中介，是存在形态与意识形态的桥梁。纵观整个人类历史，人们就是通过制度这一人类社会特有的产物来规范人与人之间、人与集体、社会、国家之间乃至人与自然之间的关系。制度在社

---

① 《党的二十大报告辅导读本》编写组．党的二十大报告辅导读本［M］．北京：人民出版社，2022：8.

会的演进中发挥着特殊的作用，先进的社会制度促进人类社会的发展，落后的社会制度阻碍社会的发展并最终被新的更高级的社会制度形态所代替。随着人类进入现代社会，在经济全球化的大背景下，制度供给和制度创新的质量往往直接决定国家乃至整个世界未来的发展走向。中国特色社会主义制度作为一种具有鲜活生命力和旺盛发展潜力的先进的社会制度形态，不仅是中国社会发展进步的重要保障，同时也为世界范围内的制度形态供给和创新提供参考。深入系统地展开对中国式现代化的制度形态——中国特色社会主义制度形态的研究，不仅对于解决我国当前发展中遇到的问题具有重要意义，同时还具有鲜明的时代意义，对于坚定制度自信，提升制度竞争力，为世界提供"中国智慧"与"中国方案"，进而推动中国制度引领人类走出制度构建的现代性困境具有重要意义。本书基于唯物辩证法的方法论基础，着眼于当前的实际问题和社会热点，聚焦于问题导向，从过程和系统两方面对中国特色社会主义制度形态展开论述，对于从整体上系统地、深入地理解和把握我国制度形态具有重要意义：可以进一步丰富和发展相关理论；有利于为解决现实中存在的制度自信不足、制度价值的现实化不足、制度执行力不足等问题提供借鉴，有利于将中国特色社会主义制度与中国特色社会主义理论、中国特色社会主义道路、中国特色社会主义文化联系起来，使它们更好地统一到中国特色社会主义的运动（实践）当中。

二、研究现状综述

(一) 国内外研究现状

1. 国外研究现状

改革开放以来，国外学者对中国社会制度的关注和研究逐渐增多。特别是进入 21 世纪以来，随着中国制度形态的绩效持续显现、中国经济社会发展持续向好，从中国成功和崛起的因果关系出发，总结"中国模式"之经验、探讨中国制度形态之特点和优势的研究越来越多，唱衰中国、鼓吹"中国崩溃论"的观点则越来越失去了"市场"。国外学者的研究从经济、政治、文化、制度变迁、干部选拔等不同视角展开，总的来说，主要围绕两个问题展开：一是中国的成绩是否证明中国已经探索出一种新的发展"模式"？二是中国制度形态到底有哪些成功之"道"，有哪些特点和优势？

关于第一个问题的研究，最著名的就是"中国模式"论。相当一部分学者承认"中国模式"的存在并对这种模式进行了研究，其中，以英国学者马丁·雅克，美国学者约翰·奈斯比特、阿里夫·德里克、李成等为代表。马丁·雅克认为，中国的"另类发展模式"将对西方发达国家代表的发展模式形成挑战。① 曾提出"北京共识"的美国著名中国问题专家乔舒亚·

---

① 马丁·雅克. 当中国统治世界：中国的崛起和西方世界的衰落 [M]. 张莉，刘曲，译. 北京：中信出版社，2010：330.

库珀·雷默认为，"北京共识"不是抛弃"中国模式"，以另外一种世界所认同的共识来取代它，而是使"中国模式"容纳这些共识。但与此同时，一些国外学者并不十分认同"中国模式"，他们认为中国的成绩得益于一种国家主导型的"新威权主义模式"，德国学者托马斯·海贝勒，美国学者巴瑞·诺顿、弗朗西斯·福山等都曾持有这样的观点。还有一些学者认为"中国模式"其实并没有偏离"正常模式"，是一种"后李斯特主义的发展型国家"①。

关于第二个问题的研究，国外学者的研究视角比较广泛，具有鲜明的西方话语体系特征，能够避免国内研究的思维定式，其中一些有代表性的观点对国内研究具有一定的参考意义。

有的学者认为渐进性的增量改革是中国社会制度演进的路径。如俄罗斯学者杰柳辛认为渐进性是当前中国改革的重要特点之一；美国学者李成认为"中国模式从本质上来讲是'摸着石头过河'的模式。在经济改革当中，中国从未采取其他社会主义国家计划经济转型的所谓"休克疗法"，而中国采用的是渐进的、有序的、可控的方式，这也是中国模式的一个主要特点。"② 美国学者巴瑞·诺顿持同样的看法，他认为中国独特

---

① 斯特兰奇，许宝友. 中国的后李斯特主义崛起［J］. 当代世界与社会主义，2012（3）：164-169.

② 国际先驱导报. 李成、郑永年：中国模式需保持包容与开放［EB/OL］. 观察者网，2011-01-05.

的发展模式是把"灵活性和试验性的方法同'渐进主义'结合起来"① 的一种发展模式。澳大利亚学者罗斯·加诺特也认为经济制度、体制的改革对于经济发展的作用不可低估,渐进性的体制改革又是不可避免的,市场经济对教育、文化、制度、规范以及人们对市场的适应等方面都提出了全新的要求,需要逐渐积累、不断创造条件去适应这些新的要求,而"中国改革的渐进性为这些条件的成熟提供了足够的时间"②。

有的学者从制度文化变迁的视角出发,认为优秀的传统文化是我国制度形态优势形成的主要原因。例如,西班牙学者恩里克·凡胡尔认为中国制度形态的独特性在于中国共产党非常出色地把中国传统的历史文化因素渗透到国家的制度框架之中,强烈的民族特色传统是其制度独特性的来源。③ 美国学者洪朝拜认为由于西方学者对中国所特有的"有效稳定"和"内部制衡"的政治文化机制缺乏认识,因此"中国崩溃论"至今无法应验。④ 法国学者伊利斯·埃勒·卡鲁尼认为中国的制度变迁从本质上源于经济、政治和文化开放等一系列连锁反

---

① 王新颖. 奇迹的建构:海外学者论中国模式 [M]. 北京:中央编译出版社,2011:37.
② 王新颖. 奇迹的建构:海外学者论中国模式 [M]. 北京:中央编译出版社,2011:85.
③ 张艳娥. 中国特色社会主义制度创新研究 [D]. 西安:陕西师范大学,2014:5.
④ 徐觉哉. 国外学术界热评中国特色社会主义 [N]. 社会科学报,2008-04-24 (7).

应所致的文化震荡。①

　　有的学者认为中国社会制度的成功得益于改革开放前的制度基础。例如，美国学者傅高义认为中国的市场化改革之所以能够取得成功，并且能够形成赶超西方的态势，得益于毛泽东时代形成的制度体系和人力资本。② 美国学者阿里夫·德里克认为一些被称道的有关"中国模式"的总结是社会主义革命的历史遗产，③ 如在经济和政治的主权、民族经济的一体化、社会平等、自主发展等方面。

　　有的学者认为独特的政党制度和干部选拔制度是中国社会制度的优势。例如，美国学者傅高义认为中国的领导干部选拔制度是一种精英主义式的制度，这一制度是在邓小平时代通过干部选拔领域的制度化建设，在修复原有选拔程序基础上逐渐形成的。④ 美国学者帕斯夸里·帕斯奎诺认为中国共产党内部的官员选拔机制存在一种"隐含原则"，这种原则基于政治权力来自"天命"的中国传统政治文化，也就是说，如果民众对于执政者或领导者极度不满意，就有权利要求更能胜任者来执

---

① 卡鲁尼，孟秋．中国的后社会主义转型：作为文化变迁的制度变迁 [J]．马克思主义与现实，2011（4）：170-174.
② 傅高义．邓小平时代 [M]．冯克利，译．北京：生活·读书·新知三联书店，2013：650.
③ 杨金海，吕增奎．国外学者眼中的中国改革开放 [J]．上海党史与党建，2009（1）：7-10.
④ 傅高义．邓小平时代 [M]．冯克利，译．北京：生活·读书·新知三联书店，2013：230.

掌权力。这种选任和定期政治权力交班制度有利于避免整体性的政策短视。① 有的学者认为中国的制度优势在于"一党制"，而"一党制"具有六大优势：一是具有更高的效率，能及时有效地应对各种挑战，把握住机遇；二是有利于政策稳定和进行长远的国家发展规划；三是有利于真正地代表全体人民的根本利益；四是有利于形成一个更加负责任的政府；五是有利于人才培养和选拔，避免浪费人才；六是有利于遏制腐败。②

　　有的学者从中国社会制度属性的角度来分析我国制度形态的特点。如法国学者托尼·安德烈阿尼指出，中国的社会性质仍属于社会主义，"在'中国模式'中确实存在着许多社会主义的因素，'社会主义市场经济'的表述并非一个简单的幌子"③。埃及学者萨米尔·阿明认为，尽管还不能确切地判断社会主义在中国的输赢，但只要不放弃农民对土地的权利就有希望。④ 奈特·温斯坦认为，中国制度形态的"社会主义属性"就在于中国的金融、工业等核心部门是由国有企业控制的，这不仅能使中国成功地避免经济危机，而且有助于为全球

---

① 王珊. 西方学者谈中国制度：内部官员选择机制有价值［EB/OL］. 人民网，
　　2013-08-20.
② 宋鲁郑. 中国政治制度的比较优势［J］. 前进论坛，2010（5）：15-17.
③ 王新颖. 奇迹的建构：海外学者论中国模式［M］. 北京：中央编译出版社，
　　2011：111.
④ 王新颖. 奇迹的建构：海外学者论中国模式［M］. 北京：中央编译出版社，
　　2011：111.

经济注入活力。①

有的学者认为中国制度形态的优势在于借鉴了其他制度形态的积极方面。如法国学者罗兰·列夫认为，中国的"现实社会主义"的中国特色在于它是一种民族主义的变种，在坚持民族特色的基础上，本着"行得通"和"为我所用"的精神，既融合了西方资本主义的"现代化"形式，也融合了反资本主义的"社会主义"内容。② 李成、郑永年认为，"中国模式不仅是渐进的，而且是一个包容的、开放的、向其他国家学习的过程"③。

还有许多学者从机制灵活、决策高效、抗风险能力强等角度论述了中国社会制度的优越性。如美国著名学者弗朗西斯·福山把较快的决策速度和较高的决策质量作为"中国模式"最重要的优势，他举了金融危机发生后的例子来比较中美两国不同的决策效率，中国的经济刺激款项比美国的大几倍，而美国难以做到。他还认为决策效率是中国制度形态众多优势之中最为重要的一项。④

① 张严. 国外关于中国特色社会主义研究的核心问题与解读范式［J］. 当代世界与社会主义，2013（5）：182-186.
② 贾绘泽. 国外学者政要论中国特色社会主义制度优势的根源综述［J］. 高校社科动态，2016（2）：19-25.
③ 李成，郑永年. 中国模式需保持包容与开放［EB/OL］. 观察者，2011-01-05.
④ 弗朗西斯·福山. 福山：中国模式的特征与问题［J］. 社会观察，2011（1）：9-10，1.

2. 国内研究现状

以 2011 年 7 月胡锦涛同志在庆祝中国共产党成立 90 周年大会上的讲话为标志，中国特色社会主义制度形态成为一个独立的概念，从完整的"中国特色社会主义"中抽象出来，并同其道路形态、理论形态等相互联系、相互制约，共同构成完整的中国特色社会主义形态。近年来，关于中国特色社会主义制度形态方面的研究逐年升温，成为研究的热点问题之一。通过对近年有价值的文献进行梳理发现，论述的内容主要集中在几方面：中国特色社会主义制度的内涵与结构、价值与本质、特点与优势、形成与发展、完善与创新等。

（1）关于内涵与结构的研究

有些学者围绕胡锦涛同志在建党 90 周年大会上的讲话以及党的十八大报告中的说法从不同角度展开解释，有"两层次说""三层次说""五层次说"等。如有的学者认为中国特色社会主义制度由根本制度、基本制度和具体制度三个层面共同构成。① 有的学者将它概括为以"五大民主"为特点的五大基本制度——人民代表大会制度、政治协商制度、群众自治制度、政党政治制度、社会主义市场经济制度，分别以选举民主、协商民主、直接民主、党内民主、经济民主为标志。② 有

---

① 黄晓波. 中国特色社会主义制度：构成、特点与完善［J］. 马克思主义研究，2011（9）：27-31，159.

② 包心鉴. 人民民主：中国特色社会主义制度的本质［N］. 学习时报，2011-09-26（3）.

的学者认为胡锦涛"七一"讲话中提到的"在经济、政治、文化、社会等各个领域形成一整套相互衔接、相互联系的制度体系"是由基本制度和具体制度两个层面构成的。① 有的学者则认为中国特色社会主义制度是"由根本层面的制度、基本层面的制度、具体层面的制度以及中国特色社会主义法律体系"② 四方面组成。有的学者则认为中国特色社会主义制度既指我国的国家制度,又指我国社会制度体系,同时还指我国社会各领域、各方面的具体制度。③ 有的学者认为它是人们在实践中所共同遵守的办事规程或行为准则,其外延包括正式的制度和非正式的制度。④ 还有的学者明确使用了制度形态一词,认为中国特色社会主义制度形态是指"中国社会主义经济、政治、文化等制度和体制的设计、安排及其运行模式……是人类制度文明的崭新形态"⑤。

（2）关于价值与本质的研究

在价值方面,有些学者认为"以人为本"是中国特色社会主义制度的价值取向,如有的学者认为我国制度形态是改革开

---

① 林怀艺. 论中国特色社会主义制度［J］. 云南社会科学, 2011 (6): 50-54.

② 任理轩. 当代中国发展进步的根本制度保障:关于坚持和完善中国特色社会主义制度的思考［N］. 人民日报, 2012-06-13 (7).

③ 肖贵清. 在实践中坚持和完善中国特色社会主义制度［N］. 中国社会科学报, 2013-02-20 (B3).

④ 本刊评论员,叶庆丰. 坚持和完善中国特色社会主义制度:社会主义理论前沿问题（三）［J］. 科学社会主义, 2011 (5): 4-6.

⑤ 张建祥. 理论·实践·价值·制度:"中国特色社会主义"科学内涵的四维解读［J］. 当代世界与社会主义, 2010 (2): 67-72.

放以来形成的，也是在坚持"以人为本"价值诉求的基础上确立的，"以人为本"是其内在的价值诉求。① 有的学者认为只有坚持社会主义方向、中国共产党的领导和"以人为本"的价值取向，才能坚持我国制度形态的根本性质。② 有的学者认为"只有中国特色社会主义的各项制度从设计到安排、从建立到落实始终把人民利益放在至高无上的位置，把实现人的自由全面发展作为最高价值目标，中国特色社会主义不断彰显其制度优势，中国特色社会主义制度的价值才会不断得到人民群众的认同和接受"③，而有的学者从功能的角度理解我国制度形态的价值，认为它"突破了苏联模式的束缚，把马克思主义与中国实际和时代特征相结合，引领中国走上了经济发展、政治民主、文化繁荣、社会和谐的道路"④。另外，还有研究把中国特色社会主义制度价值分为基本价值、核心价值及终极价值三个层次。基本价值是指秩序与效率，核心价值是指自由、平等、公正，终极价值是指人的自由和全面发展。⑤ 在有关本质

---

① 徐保军. 中国特色社会主义制度的形成逻辑构建 [J]. 求实，2015（5）：81-89.
② 肖贵清. 在实践中坚持和完善中国特色社会主义制度 [N]. 中国社会科学报，2013-02-20（B3）.
③ 朱颖原. 中国特色社会主义制度的价值认同 [J]. 科学社会主义，2012（5）：31-34.
④ 肖贵清. 论中国模式研究的马克思主义话语体系 [J]. 南京大学学报（哲学·人文科学·社会科学版），2011，48（1）：5-12，158.
⑤ 谷耀宝. 中国特色社会主义制度价值简论 [D]. 北京：中共中央党校，2014：66-82.

方面的研究中，有的学者认为人民民主专政是中国特色社会主义制度的本质，这与西方的自由主义民主观所强调的民主观有所不同：自由主义民主观基于个人主义的出发点，更强调保护个人权益免遭政府和其他主体的侵犯；而人民民主专政包括两方面，一方面是对人民内部的民主，另一方面是对反动派的专政。① 有的学者认为中国特色社会主义制度的核心是人民民主②，公平正义和民主是其价值取向。还有的学者认为我国社会主义初级阶段基本国情和科学社会主义基本原则的有机统一是中国特色社会主义制度形态的核心与本质。③

（3）关于特点与优势的研究

此类研究比较多。有的学者认为中国特色社会主义制度是一套独特的制度体系，其独特性体现在它在把握中国国情的前提下，把三方面有机结合起来，即把科学社会主义基本原则、国情、世情结合起来，既突破了传统的社会主义模式，又区别其他国家的制度模式。④ 有的学者认为公平性与效率性、稳定性与活力性、统一性与多样性三方面的有机结合是中国特色社

---

① 徐保军. 中国特色社会主义制度的形成逻辑构建［J］. 求实，2015（5）：81-89.
② 包心鉴. 论中国特色社会主义制度［J］. 新视野，2011（6）：4-6，21.
③ 冯德军. 对中国特色社会主义制度基本问题的理论思考［J］. 学术交流，2011（9）：1-4.
④ 李忠杰. 坚持和完善中国特色社会主义制度体系［J］. 前线，2011（8）：10-12.

会主义制度具有的基本特征。① 有的学者认为中国特色社会主义制度现了几方面的有机结合和统一，如中国共产党的领导与尊重人民首创精神、经济上的灵活开放与政治上的统一集中、市场配置资源的基础作用与国家的宏观干预、坚持社会主义与借鉴资本主义、中国特色与社会主义等。② 有的学者认为，中国特色社会主义制度形态体现和兼顾了社会主义基本原则、革命传统、当代中国社会发展程度、人民群众的利益等各方面，是历史和现实、普遍性与特殊性、理论与实践的统一，具有崭新的内容。③ 有的学者则从制度自信的角度分析，认为中国特色社会主义制度形态自信的基础在于它是中国近代以来历史发展的选择，是对科学社会主义理论本质的深刻把握，是对当代中国实际的科学认识。④ 有些学者认为强大的韧性是中国特色社会主义制度形态的特点和优势，如李君如认为我国制度形态具有很强的制度韧性，这种强大的韧性是由中国共产党的先进性、中国的历史和文化积淀以及市场、政府、社会之间的张力

---

① 辛向阳. 当代中国发展的制度基石：论中国特色社会主义制度体系 [N]. 中国青年报，2011-07-25 (2).
② 本刊评论员，叶庆丰. 坚持和完善中国特色社会主义制度：社会主义理论前沿问题 (三) [J]. 科学社会主义，2011 (5)：4-6.
③ 刘海涛. 坚持和完善中国特色社会主义制度：中央党校中国特色社会主义理论体系研究中心 [N]. 光明日报，2011-10-12 (1).
④ 顾钰民. 论坚定中国特色社会主义制度自信 [J]. 思想理论教育，2013 (23)：17-21.

所决定的。① 还有的学者通过与资本主义制度形态的对比发现，中国制度形态在发生重大事件后具有更加积极和有效的应对能力，体现出中国政治制度的特殊优势，如学者邵景均通过对我国抗震救灾工作的研究分析，从实证的角度论证了中国特色社会主义制度形态的优越性。② 有的学者从哲学思维视角做了比较系统的概括，如韩庆祥认为中国特色社会主义制度形态的优势包括七方面：一是注重从客观实际出发，立足中国国情，具有实践基础，不浮漂；二是坚持"一元主导"的社会主义根本政治原则，具有正确导向，不改旗；三是注重"二基结合"，强调改革发展历史进程中基本矛盾关系的结合与协调，具有可持续性，不摇摆；四是注重"自主创新"，实施创新驱动，有动力作用，不懈怠；五是注重原则性和灵活性的统一，能有效解决我国改革发展进程中的问题，蕴含治国理政的政治智慧，不僵化；六是注重定标、定向、定心，能使中国特色社会主义道路越走越宽广，具有凝聚人心的作用，不动摇；七是注重在新结构框架内集中解决社会主要矛盾，取得巨大成就，不折腾。③ 胡锦涛在"七一"讲话中将中国特色社会主义制度形态

---

① 李君如. 中国特色社会主义制度具有强大韧性：中国制度何以自信之二 [N]. 人民日报，2015-06-12 (7).

② 邵景均. 抗震救灾彰显我国政治制度的优越性 [J]. 求是，2008 (13)：8-10.

③ 韩庆祥，张健，张艳涛. 中国特色社会主义基本原理 [M]. 北京：人民出版社，2015：303-313.

的优势概括为五个"有利于"。①

（4）关于形成与发展方面的研究

有些学者着眼我国制度形态形成与发展的过程，如有的学者认为新中国的成立和改革开放是我国制度形态形成的两个重要的里程碑。② 有的学者认为，我国社会主义制度经历了两个阶段，逐渐形成了一个制度体系，具有内在的逻辑结构：20 世纪 50 年代的初创时期，是其形成阶段，具体表现就是社会主义基本制度的确立；20 世纪 80 年代至今的改革开放时期，是其发展阶段，具体表现就是对基本经济制度和民主政治制度逐渐形成抽象的概括，最终确立了中国特色社会主义制度。③ 有些学者从制度形成逻辑的角度分析，如有的学者认为，"一方面，政党和政府的主动学习的创新逻辑在其间起了重要作用；另一方面，社会大众基于利益关系和观念意识而形成的强大的内在行动逻辑以及党政主体对社会主体内在逻辑的退让和兼容构成了中国特色社会主义制度能自我完善的重要内在动因"④。有的学者认为促进我国社会制度变迁的客观因素在于制度环境对其造成的压力和需求，这些压力和需求由国家和社会以及与

---

① 胡锦涛. 胡锦涛文选：第三卷［M］. 北京：人民出版社，2016：527.

② 秦正为. 中国特色社会主义制度体系的形成及其历史意义［J］. 探索，2012（1）：8-12.

③ 徐红. 中国特色社会主义制度形成和发展初探［J］. 阜阳师范学院学报（社会科学版），2011（6）：87-89.

④ 张艳娥. 中国特色社会主义制度自我完善能力的内在逻辑探析［J］. 科学社会主义，2016（4）：95-100.

之相关的层面之间的互动关系所导致，直接动因在于社会发展对制度变迁提出新的要求，现有的制度或体制却相对滞后。①有的学者认为我国制度形态的形成逻辑需要从两个维度来考察：纵向来看，中国近代以来的社会形态是其形成的历史源头，这个社会形态即半殖民地半封建社会；横向来看，中国制度形态是在社会形态、领导核心、经济基础、人民民主的制度本质、人民民主的制度价值、意识形态、现代化及全球化影响八大逻辑的推动下形成的。两个维度相互作用，共同促进了我国制度体系的确立。②

（5）关于完善与创新方面的研究

有些学者从坚持和完善理论的角度对中国特色社会主义制度形态予以强调。如有的学者认为要"在坚持和丰富中国特色社会主义理论体系进程中坚持和完善中国特色社会主义制度"③。有的学者既强调理论创新的重要性，又反对实用主义，认为只有坚持马克思主义的立场、观点、方法，并积极地推进其中国化，既"不忘老祖宗"又能讲新话，才使中国形成自己的制度体系。④ 有些学者从完善各项具体制度体制的角度对中国特色

---

① 周思玉．当代中国制度变迁的动因与过程分析［J］．理论与改革，2001（2）：17-20．
② 徐保军．中国特色社会主义制度的形成逻辑构建［J］．求实，2015（5）：81-89．
③ 任理轩．当代中国发展进步的根本制度保障：关于坚持和完善中国特色社会主义制度的思考［N］．人民日报，2012-06-13（7）．
④ 辛向阳．中国特色社会主义制度的三个基本问题探析［J］．理论探讨，2012（2）：24-27．

社会主义制度形态论述，如有的学者认为"必须坚持解放思想和改革开放毫不动摇……积极稳妥地推进经济体制、政治体制、文化体制、社会体制等各项具体制度的改革和创新"①。有的学者从加强党的建设的角度来论述我国制度形态的完善和创新，认为坚持和完善我国制度形态的关键在党。中国共产党在理论上的成熟是其完善和发展的前提，坚持党的领导并坚持党的基本路线是其完善和发展的根本保证，能够持续培养大批优秀中青年干部是其完善和发展的组织保证，人民群众是其完善和发展的力量。② 有的学者提出，中国特色社会主义制度形态的完善和创新的关键是处理好党建与制度构建之间的关系，党的建设也包括党的制度建设，因此处理好两个制度建设之间的关系至关重要，推动作为执政党的中国共产党的制度建设，特别是党的执政方式、领导方式的制度构建，有利于发挥其在社会制度构建中的整体性作用。③ 有的学者认为只有继续坚持改革开放才能使制度完善和创新始终具有动力。未来必须把改革精神与制度构建结合起来，贯通起来，更加坚定、自觉地推进

---

① 李慎明. 如何认识中国特色社会主义制度［J］. 理论导报，2012（12）：4-5.
② 李慎明. 坚持和推进社会主义制度自我完善和发展：学习胡锦涛《在庆祝中国共产党成立90周年大会上的讲话》的体会［J］. 毛泽东邓小平理论研究，2011（9）：44-49，84.
③ 严书翰. 坚持和完善中国特色社会主义制度的思考［J］. 党建研究，2011（9）：9-11.

改革开放，用改革解决发展中的问题。① 还有的学者着眼于国家治理体系的角度，认为中国特色社会主义制度形态的完善和创新必须实现国家治理体系现代化，这是一个推进传统治理向现代治理转型的过程，需要科学的制度安排和有效的组织体系以及灵活运行的机制。②

（二）研究成果简评

近年来，国内外各界对于中国制度形态的关注和研究持续升温，随着研究内容和研究角度的不断扩展，人们对这一领域的认识不断深化，研究成果越来越丰富，有价值的研究也越来越多。

国外学者的研究由于受话语体系的影响，一般不使用"中国特色社会主义制度"概念，但其从不同视角对当代中国社会制度做了较为深入的研究，这种站在"局外人"的角度所做出的观察无疑对我国制度形态的完善与发展提供了不少可借鉴的思路。但总的来说，国外学者的研究大都采用西方关于制度的研究范式，对中国的历史文化和现实情况缺少深入的了解，因而大多数研究还未能从根本上对一些比较深刻的理论和实践问题给予满意的回答。

---

① 肖贵清．在实践中坚持和完善中国特色社会主义制度［N］．中国社会科学报，2013-02-20（B3）．

② 孟鑫．推进国家治理体系和治理能力现代化是完善和发展中国特色社会主义制度的必由之路［J］．科学社会主义，2014（2）：20-21.

　　国内的相关研究取得了一定的进展，特别是更加关注我国制度形态的优势，更加注重对制度自信、制度创新、制度价值、制度体系、制度的运行机制、制度的执行力、制度的环境等方面的研究，为进一步深入研究打下了基础。但从总体上来看，研究还处于起步阶段，还不能满足全面深化改革对制度理论研究的新需要。同时，现有的研究成果亦存在一定的问题：一是观点较为分散，发表于期刊上的文章较多，但专门著述不多，交叉重复现象比较严重；二是解读性、政论性的研究居多，而系统化、专业化、学术性的研究不多；三是缺乏结合经典理论的深度研究，多是借助西方制度经济学、制度政治学、制度社会学等研究范式的研究；四是很少将中国特色社会主义制度作为制度形态进行系统研究；五是缺少对制度的成熟、定型与完善、发展的辩证关系的研究；六是缺乏系统的对中国特色社会主义制度形态及其与西方制度形态的对比方面的研究。

三、研究思路与方法

（一）研究思路

　　本书着眼于宏观和深层的视角，试图从理性与现实、过程与结构的分析框架展开，着重从我国制度形态构建的理论支撑、历史逻辑、形成及内涵、完善和发展等方面进行论述，并通过比较分析梳理总结出独特的中国式现代化的制度形态——中国特色社会主义制度形态的优势。基于以上思路，本书分为绪论和主体五章共六部分内容。绪论主要包括问题的提出、国内外研究综述、研究思路与方法、研究创新及难点、核心概念界定五部分。第一章主要论述中国特色社会主义制度形态的理论支撑，重点论述了历史唯物主义制度观、科学社会主义的制度构建原则和中国共产党的制度构建理念等内容。第二章将视角对准历史，聚焦历史必然性，详细梳理了我国制度形态形成的历史逻辑，重点论述了中国传统制度的得失、近代中国在旧制度中的挣扎及对新制度的探索、新民主主义革命时期中国共产党的制度探索、中国特色社会主义基本制度形态的确立等内容。第三章着重考察中国特色社会主义制度形态本身，重点论述了它的形成过程及其形成后的具体形态，包括形成过程、基本内涵、形成逻辑等内容。第四章将视角对准未来，着眼于前瞻，并结合当前正在进行的制度变革实践，重点论述了我国制度形态的完善和发展，包括完善和发展的目标和路径、重点和策略以及党的十八大以来制度改革取得的进展。第五章在前面四章论述的基础上，聚焦中国特色社会主义制度形态的优势，阐述了中国独特的制度现代化路径及我国制度形态的根本优势和具体优势。

（二）研究方法

本书的方法论基础是唯物辩证法，即辩证唯物主义方法论，马克思正是将这一方法运用到人类历史领域才发现了唯物史观，为人们认识人类社会的发展规律找到了钥匙。马克思曾在《资本论》（第二版）的跋中用了不少笔墨来谈自己的研究方法——唯物辩证法，他谈道："研究必须充分地占有材料，分析它的各种发展形式，探寻这些形式的内在联系。只有这项工作完成以后，现实的运动才能适当地叙述出来。这点一旦做到，材料的生命一旦在观念上反映出来，呈现在我们面前的就好像是一个先验的结构了。"① 只有运用辩证法，才能真正达到逻辑与历史的一致，才能客观真实地反映事物发展的规律。有些研究正是因为忽略了这一根本的方法论，而只是在马克思根据这一方法得出的唯物史观的分析框架和个别结论的基础上展开研究，把方法排除在外，才会最终陷入了形而上学的逻辑。

在具体的创作过程中，本书主要以文献研究为主，通过原理联系原著、理论联系实际以及比较分析等方法力求实现研究的学术性、思想性和现实指导性目标。

四、研究创新及难点

（一）创新之处

本书的选题是近年来研究的热点和前沿问题，也是此研究领域中的基本问题之一，力求较高学术性是本研究构思的出发点，也是本书的创新基点。本书的创新之处首先是聚焦主题的

---

① 中共中央马克思恩格斯列宁斯大林著作编译局. 马克思恩格斯文集：第5卷 [M]. 北京：人民出版社，2009：21-22.

创新，目前学术界专门使用"制度形态"概念的研究还比较少，本书主要从三个层面上使用这一概念，一是指它是人类社会制度文明的一种新形态、新类型；二是指它是与中国特色社会主义道路、中国特色社会主义道路理论、中国特色社会主义道路文化相并列的四种形态之一；三是中国特色社会主义制度本身有其独特的形态。本书认为，使用这一概念有利于从加强话语体系的角度推动中国特色社会主义制度的深化研究，这与近年来国内外广泛流行的"中国模式"的研究形成对比，并在此基础之上加以补充。一方面，"模式"的使用属于西方话语体系，而"形态"有利于构建中国特色的话语体系；另一方面，"模式"一般认为是静态的，讨论"模式"容易使思维停留在形式逻辑上而难以上升到辩证逻辑，最终陷入形而上学，而"形态"是动态的概念，符合辩证逻辑。其次是研究内容的创新，目前学术界对中国式现代化的制度形态——中国特色社会主义制度形态还缺少系统的研究，多数研究集中形成与发展的过程或者经济领域中规律性的研究，而从整体上系统地研究其演进的理论支撑、历史逻辑、形成过程、基本内涵、形成逻辑、完善和发展、制度优势的还不多。本书尝试在这方面取得研究进展。

（二）研究难点

研究的创新点往往也是研究的难点。也就是说，如何提高论文的学术性、思想性是本书研究的难点之一。同时，学术性、思想性不高也是目前中国制度形态研究领域中普遍存在的问题。突破思维定式、独辟蹊径，开辟这一领域研究的新内容将是本研究面临的首要难题。本书的另一难点是关于中国特色社会主义制度形态的优势分析部分，目前在这方面阐释性的研究比较多，但系统的、学理性的深度研究还比较少。

五、核心概念界定

（一）制度形态

关于制度的研究一直是近年来学术界研究的热点问题，但是对制度的概念和定义往往因学科背景和研究领域的不同而采用不同的视角。新制度经济学代表人物诺思认为"制度是一个社会的博弈规则……形塑人们互动关系的约束"①。康芒斯认为制度是一种组织，是"经济研究上的一个较大单位，根据英美的惯例，这叫作'运行的机构'"②。亨廷顿认为"制度是一种秩序，表现为相对稳定的、不断重现的行为模式"③。罗尔斯认为制度是确定人们之间职务、地位以及相应的权利、义

---

① 诺思．制度、制度变迁与经济绩效［M］.杭行，译．上海：格致出版社，上海人民出版社，2008：3.
② 康芒斯．制度经济学：上册［M］.于树生，译．北京：商务印书馆，1962：86.
③ 亨廷顿．变革社会中的政治秩序［M］.李盛平，杨玉生，等，译．北京：华夏出版社，1988：12.

务、权力、豁免等方面的公开的规范体系。① 哈耶克认为制度是这样一种事态，即人们可以根据对整体的某个部分的理解而做出对其他部分的正确预期。② 国内学者林毅夫认为"制度可以被理解为社会中个人遵循的一套行为规则"③。包心鉴认为"制度，从本质上说是一种国家形式，是国家本质的根本体现"④。要想从纷繁的制度定义中发现制度的内涵和本质，就需要从马克思主义关于制度的基本观点出发。制度是人类社会所特有的现象，"一当人开始生产自己的生活资料，即迈出由他们的肉体组织所决定的这一步的时候，人本身就开始把自己和动物区别开来"⑤ "而生产本身又是以个人彼此之间的交往为前提的"⑥，所以"现存的制度只不过是个人之间迄今所存在的交往的产物"⑦。这就是马克思主义关于制度的科学观点。尽管学术界因研究视角的不同而对制度概念采用不同的定义，

① 罗尔斯. 正义论［M］. 何怀宏，何包钢，廖申白，译. 北京：中国社会科学出版社，1988：50.

② 周业安. 中国制度变迁的演进论解释［J］. 经济研究，2000（5）：3-11，79.

③ 辛鸣. 制度论：哲学视野中的制度与制度研究［D］. 北京：中共中央党校，2004：26.

④ 包心鉴. 中国制度何以自信　中国制度的本质、特色、优势［J］. 理论导报，2015（5）：19，21.

⑤ 中共中央马克思恩格斯列宁斯大林著作编译局. 马克思恩格斯文集：第1卷［M］. 北京：人民出版社，2009：519.

⑥ 中共中央马克思恩格斯列宁斯大林著作编译局. 马克思恩格斯文集：第1卷［M］. 北京：人民出版社，2009：520.

⑦ 中共中央马克思恩格斯列宁斯大林著作编译局. 马克思恩格斯全集：第3卷［M］. 北京：人民出版社，1960：79.

把制度视为一种规则、组织或秩序等，但较为普遍的共识是：制度是一种规则。笔者认为，理解制度概念离不开马克思主义关于制度的基本观点，即制度作为一种规则，是人类社会产生以来在"肉体组织所决定的"人与自然界的物质交换的基础上必然发生的人们之间交往关系的产物，它规范、约束着人与人之间、人与社会之间乃至人与自然之间的关系。

形态一般指事物可以被人感知、理解和把握的形式、状态、样貌等。《现代汉语词典》关于"形态"有以下三种解释：①事物的形状或表现，如意识形态、观念形态；②生物体外部的形状；③词的内部变化形式，包括构词形式和词形变化的形式。关于形态学有两种解释：①研究生物体外部形状、内部构造及其变化的科学；②语法学中研究词形态变化的部分。①笔者认为形态指的就是事物的表现形式、内部结构及其运动状态，是事物在不同发展阶段表现的样貌、结构、状态。事物的形态是一个从萌发到逐渐形成的过程，其一旦成熟以后就具有相对稳定性，具有了独特的内涵和特征，并随着时间的推移不断完善和发展。从哲学意义上讲，形态是事物的一种量的形式，同一事物可以有不同的形态，但形态的变化不宜超出事物本质属性的规定，若形态的变化突破这种规定，事物的本质将发生变化，从而产生新事物。

---

① 中国社会科学院语言研究所词典编辑室．现代汉语词典［M］．北京：商务印书馆，2016：1526．

　　制度形态即制度之形态，是指制度的样貌、结构及其发展状态。制度形态与社会形态是两个联系紧密而又完全不同的范畴：制度本质上是一种规则（包括正式与非正式），而社会是以生产劳动为基础的无数个人活动所构成的系统。① 没有社会就没有制度，制度嵌入在社会中，是人类社会的产物；社会总是以一定的制度组织起来，并通过制度表现出来，没有脱离制度的社会。把握制度形态总是和把握社会形态联系在一起，脱离了社会形态也就无法找到制度形态的实体，脱离了制度形态，社会形态也就无法得到说明。制度形态的确立是社会形态形成的标志，不同制度形态下社会呈现出不同的形态。所以长期以来，人们总是将制度形态与社会形态视为同一含义，认为广义的制度形态就是社会形态或将社会形态抽象为制度形态。但严格来讲，如同把社会关系抽象为生产关系时不能将生产关系等同于全部社会关系一样，不能将制度形态完全等同于社会形态。马克思主义社会形态理论为科学地分析制度形态奠定了基础，但对于制度形态的把握还需要深入研究制度形态本身的属性。

　　一种制度形态的形成、发展的过程同人们的思维和认识过程相一致，也是"具体—抽象—具体"的展开过程。马克思与恩格斯正是在对当时西方社会资本主义制度形态的"具体"认

---

①　肖前. 马克思主义哲学原理 ［M］. 北京：中国人民大学出版社，2006：208.

知的基础上，按照唯物史观所揭示的人类社会发展的一般规律抽象出未来社会制度形态的基本原则。但这些基本原则还只是停留在头脑中"抽象的制度形态"的设想，而非现实中的制度安排，将"抽象的制度形态"的设想变为现实并在现实中将其逐步展开上升到"具体"还有很长的路要走，而这是正在经历这一现实过程的人们的任务。马克思与恩格斯所处的时代不可能提供这些细节，故而他们抽象出的这些基本原则的运用"随时随地都要以当时的历史条件为转移"①。

（二）中国特色社会主义制度形态

中国特色社会主义制度形态是人类制度文明的崭新形态，是中国式现代化的制度形态。它是社会主义制度形态在中国的具体化，是马克思主义中国化在制度领域的体现，它以科学社会主义的基本原理为指导，深深地根植于中国社会的土壤，经过长期探索、不断改进、内生性演化而逐渐形成。中国特色社会主义制度形态是我国社会主义的发展还处于初级阶段的一种特殊的制度形态，这种制度形态具有社会主义制度形态的基本属性，符合科学社会主义的基本原则，同时又具有鲜明的中国特色，是一种现实的制度形态，是科学社会主义关于制度的理念形态的现实化，是一种根植于中国大地的、活生生的制度形态，它一经形成便具有特殊的样貌、结构和特征，并将随着历

---

① 中共中央马克思恩格斯列宁斯大林著作编译局. 马克思恩格斯文集：第 2 卷 [M]. 北京：人民出版社，2009：5.

史和实践的推进不断演进、向前发展。

　　首先，在中国进行社会主义建设，构建社会主义制度形态必须认清当代中国所处的历史发展阶段。特殊的历史背景和发展逻辑决定了我国的社会主义制度形态是在经济文化比较落后的中国，在现实生产力发展水平具备一定条件但还不够充分的前提下，在历史和人民的选择下发展起来的社会主义制度形态。在生产力水平和经济文化还比较落后的发展阶段，由于不具备消灭阶级和国家自行消亡的条件，所以构建社会主义制度形态必须保留国家制度和政治制度，并且先建立起社会主义性质的国家制度和政治制度，然后才能进一步创造条件，构建社会主义性质的经济、文化制度以及其他制度，其中必须首先确立起制度的基本框架，才能进一步发展和完善各项具体制度和运行机制。这一过程的展开就是科学社会主义基本原则与中国实际相结合，在实践中实现中国特色社会主义制度形态"具体—抽象—具体"的过程。而这一过程在中国要经历一个"二次抽象"的过程，即"科学社会主义基本原则（抽象）—科学社会主义基本原则结合中国实际（具体）—中国特色社会主义制度（抽象）—中国特色社会主义制度（具体）"的过程。①

　　其次，中国特色社会主义制度形态有其具体的、独特的内

---

　　①　这里用"具体—抽象—具体"的思维方法来类比现实中制度形态的形成过程，详见本书第三章的论述。

涵。尽管中国特色社会主义制度还在不断地完善和发展之中，但它一经形成便具有了特殊的样貌、结构和特征。党的十八大报告指出："中国特色社会主义制度，就是人民代表大会制度的根本政治制度，中国共产党领导的多党合作和政治协商制度、民族区域自治制度以及基层群众自治制度等基本政治制度，中国特色社会主义法律体系，公有制为主体、多种所有制经济共同发展的基本经济制度，以及建立在这些制度基础上的经济体制、政治体制、文化体制、社会体制等各项具体制度。"① 从这一定义来看，我国制度形态是在经济、政治、文化、社会等各领域形成的一整套相互衔接、相互联系的制度体系，涵盖了不同的层次。中共十九届四中全会进一步指出，中国特色社会主义制度是党和人民在长期实践探索中形成的科学制度体系，包括党的领导和经济、政治、文化、社会、生态文明、军事、外事等各方面制度，同时强调，要坚持和完善支撑中国特色社会主义制度的根本制度、基本制度、重要制度，构建系统完备、科学规范、运行有效的制度体系。

最后，中国特色社会主义制度形态需要在实践中不断创新发展。中国制度形态作为一种特殊的制度形态是和社会主义初级阶段紧密联系的。社会主义初级阶段也是一个不断变化的发展过程，和其他事物一样，中国特色社会主义制度形态也必然

---

① 胡锦涛.胡锦涛文选：第三卷［M］.北京：人民出版社，2016：622.

随着实践的不断发展而发展。从当前来看，制度形态的基本框架已经确立，各项具体制度也在逐步完善，其制度绩效逐渐显现，人们对我国社会制度形态的认同和自信不断增强。但与此同时，我国制度形态依然面临许多现实问题需要解决，如经济上的"中等收入陷阱"，政治上的"塔西佗陷阱"，对外关系上的"修昔底德陷阱"，以及发展起来以后所面临的发展不平衡不协调、生态环境恶化、资源承载能力趋紧、社会矛盾频发等现实问题背后所表现出的制度的理念、价值优势的现实化不足。制度体系不够完善，制度运行机制不够健全，制度执行力不足，制度的软环境建设滞后等问题，都迫切需要新的制度设计和创新来解决。中国特色社会主义制度形态必将在先进的理念形态与丰富的现实形态的激荡中，在中国共产党带领的亿万人民群众的实践中不断丰富和完善。

第一章

中国特色社会主义制度形态的理论支撑

思想、理念、理论形态是制度形态形成和变迁的先导。[①]
西方国家的现代化制度形态——资本主义制度形态的形成就是
以代表资产阶级利益的思想启蒙为先导的。中国现代化的制度
形态的构建起步较晚，是在西方制度形态的影响和推动下开始
探索的，但没能依靠"拿来"西方理念和西方制度"模式"
成功启动，而是与世界社会主义运动结合在一起，以科学社会
主义作为理论支撑才走上正途的。中国独特的制度形态的形
成、发展，实际上是一条通过走社会主义道路、搞社会主义建
设来实现国家制度现代化的路径，具有与西方制度现代化不同

---

① 现代社会的制度形态是人们有意识地构建的，思想、理念、理论具有历史继
承性，但在现实性上其归根结底是现实的社会历史运动和条件的产物，即生
产方式变革的产物。例如，西欧早在 14 世纪已经有了资本主义的萌芽，在
16 世纪工场手工业时期已经产生了资本主义的生产关系。西欧社会意识领
域的变革，是由资本主义历史运动和条件所决定并为其开辟道路服务的，最
终确立了资本主义制度形态。因此，要始终坚持用唯物史观来理解思想、理
念、理论的先导作用，否则容易陷入历史唯心主义。

的价值指向和路径选择，它将重新定义西方主导下的制度现代性的意义。本书认为，历史唯物主义制度观是中国特色社会主义制度形态构建的理论根基，科学社会主义的制度是其构建的基本原则，中国共产党的制度构建理念是其构建的基本遵循。这三者体现了一般、特殊、个别三个层面，共同构成了中国特色社会主义制度形态的理论支撑。

第一节 历史唯物主义制度观

作为科学社会主义的创始人，马克思和恩格斯毕生都致力于从现实出发实现理想社会制度形态的斗争实践，尽管他们没有一本专门论述制度问题的专著，但的确较早地提出了比较系统、完整的制度思想，形成了历史唯物主义制度观。这些思想集中体现在《德意志意识形态》《〈政治经济学批判〉序言》等著作中。这一基于实践哲学而形成的科学制度观，从体现人类时代精神的哲学高度出发，将制度问题置于大的时空背景下，置于大历史观和大系统观的视野下，把对问题最深层次的追问和人类的终极价值追求置于现实的基础之上，对制度的起源、本质、类型、结构、演进（包括主体、动力、规律等）等方面做了最为深刻、抽象的概括。西方制度学派、新制度经济学等当代较为流行的制度理论，均无法超越马克思和恩格斯的制度观，只能被其统摄和纠偏，作为其补充。

一、关于制度的起源及本质

马克思与恩格斯认为制度是人类所特有的现象，制度源于人类为了生存和发展而必须进行的生产实践活动，其本质是社会关系的规范化及其存在方式。"一当人开始生产自己的生活资料，即迈出由他们的肉体组织所决定的这一步的时候，人本身就开始把自己和动物区别开来"①"而生产本身又是以个人彼此之间的交往为前提的"②，所以"现存的制度只不过是个人之间迄今所存在的交往的产物"③。这就是马克思与恩格斯关于制度的科学观点。通俗地讲，"全部人类历史的第一个前提无疑是有生命的个人的存在"④。也就是说，首先要有人的物质存在，才有可能组成社会，而要维持人的物质存在就必须首先使人的生命得以维系，这就必然地、首先地产生了对可以维系生命的物质生产资料的需要，因此生产实践活动也就成为

---

① 中共中央马克思恩格斯列宁斯大林著作编译局. 马克思恩格斯文集：第1卷 [M]. 北京：人民出版社，2009：519.
② 中共中央马克思恩格斯列宁斯大林著作编译局. 马克思恩格斯文集：第1卷 [M]. 北京：人民出版社，2009：520.
③ 中共中央马克思恩格斯列宁斯大林著作编译局. 马克思恩格斯全集：第3卷 [M]. 北京：人民出版社，1960：79.
④ 中共中央马克思恩格斯列宁斯大林著作编译局. 马克思恩格斯文集：第1卷 [M]. 北京：人民出版社，2009：519.

人类的"第一个历史活动"。① 生产实践要求人们之间分工、合作，进行产品的交换、分配，从而发生联系、产生交往，而这种"交往的形式"本质上又是"由生产决定的"②，所以人与人之间基于生存的需要首先必然发生的关系就是生产关系，进而必然发生特定的以生产关系为核心的社会关系，这体现了人的本质，而这种关系的规范化或者其本身存在的方式就是制度。没有关系也就没有制度，制度规范并反映了关系，关系以制度作为维系的手段。这样一来，马克思与恩格斯就运用唯物史观准确地把握了制度的起源和本质，形成了"人类生存需要—生产实践—交往—关系—制度"的严密逻辑。

二、关于制度的类型

制度是人类社会的特殊产物，随着人类历史的发展形成了不同类型的制度形态。马克思与恩格斯对不同制度形态的划分是从宏大的历史视野出发，从唯物史观的角度去把握的，即从生产关系（社会存在）的角度进行划分，而生产关系中的核心内容是所有制形式。如在《德意志意识形态》中，马克思与恩格斯明确提出部落所有制、古典古代的公社所有制和国家所有

---

① 中共中央马克思恩格斯列宁斯大林著作编译局. 马克思恩格斯文集：第 1 卷 [M]. 北京：人民出版社，2009：531.
② 中共中央马克思恩格斯列宁斯大林著作编译局. 马克思恩格斯文集：第 1 卷 [M]. 北京：人民出版社，2009：520.

制、封建的或等级的所有制三种制度形态。① 马克思在《〈政治经济学批判〉序言》中指出："大体说来，亚细亚的、古希腊罗马的、封建的和现代资产阶级的生产方式可以看作是经济的社会形态演进的几个时代。资产阶级的生产关系是社会生产过程的最后一个对抗形式，这里所说的对抗，不是指个人的对抗，而是指从个人的社会生活条件中生长出来的对抗；但是，在资产阶级社会的胎胞里发展的生产力，同时又创造着解决这种对抗的物质条件。因此，人类社会的史前时期就以这种社会形态而告终。"② 从这段经典的描述中我们可以看到，马克思在这里提到了人类制度现代化的第一个形态——"现代资产阶级的生产方式"，同时又指出这一制度形态的发展趋势并将其归入"人类社会的史前时期"，由此可见，他认为只有未来的社会主义或共产主义制度形态才具有真正意义上的现代性。需要指出的是，马克思、恩格斯有关制度形态划分的观点并不具有普遍性，而这几种制度形态的排列主要是一种逻辑排列，并没有严格意义上的先后更替次序。今天人们习惯使用且仍然被一些教科书所采用的说法是斯大林有关制度形态的划分，即历史上五大类生产关系：原始公社制的、奴隶占有制的、封建制

---

① 中共中央马克思恩格斯列宁斯大林著作编译局．马克思恩格斯文集：第 1 卷 [M]．北京：人民出版社，2009：521-522.

② 中共中央马克思恩格斯列宁斯大林著作编译局．马克思恩格斯文集：第 2 卷 [M]．北京：人民出版社，2009：592.

的、资本主义的、社会主义的。① 关于马克思、恩格斯对于制度形态的划分还需要结合历史事实和不同区域特点进行把握，应把它当作一种制度分析的方法，而不能把他们主要根据当时西欧历史条件得出的结论当作教条。对于这种脱离现实的教条主义，马克思早在给《祖国纪事》杂志编辑部的信中就曾给予有力的拒斥：如果一定要把我关于西欧资本主义起源的历史概述彻底变成一般发展道路的历史哲学理论，一切民族，不管他们所处的历史环境如何，都注定要走这条道路，那会给我过多的荣誉，同时也会给我过多的侮辱。②

三、关于制度的结构

马克思、恩格斯并没有专门就制度结构进行分析，而是基于唯物史观对人类社会的基本结构做出了独特的解释，使得嵌入社会中的制度有了相应的逻辑结构。在《〈政治经济学批判〉序言》这部哲学、经济学的经典著作中，马克思对社会结构做了科学的分析："人们在自己生活的社会生产中发生一定的、必然的、不以他们的意志为转移的关系，即同他们的物质生产力的一定发展阶段相适应的生产关系。这些生产关系的总

---

① 中共中央马克思恩格斯列宁斯大林著作编译局．斯大林选集：下卷［M］．北京：人民出版社，1979：446.

② 中共中央马克思恩格斯列宁斯大林著作编译局．马克思恩格斯文集：第3卷［M］．北京：人民出版社，2009：466.

和构成社会的经济结构，即有法律的和政治的上层建筑竖立其上并有一定的社会意识形式与之相适应的现实基础。"① 这一经典的描述告诉我们，人类社会的结构可以抽象为"经济基础+上层建筑"。经济基础主要指的是生产关系，反映了人们之间的经济交往关系；上层建筑包括政治（含法律）上层建筑和意识形态上层建筑，反映了人们之间的政治交往关系和思想文化交往关系。相应地，制度也就自然而然地分为经济制度、政治法律制度、文化制度等。各种制度要素之间存在辩证关系，其中经济制度是基础，它与其他制度共同构成完整的制度系统。

四、关于制度的演进

马克思、恩格斯关于制度演进方面的论述是最为全面和深刻的，具有强烈的实践性、现实性、行动性、革命性，对制度演进的主体、动力、规律等方面做了最有说服力的解释，因为"哲学家们只是用不同的方式解释世界，问题在于改变世界"②。这样一种基于实践哲学的明确表达，理性鲜明地指出人对于客观世界所具有主动性，而要改变世界就必须通过制度变革、制度创新、制度现代化来实现，这既不是一个空想的过

---

① 中共中央马克思恩格斯列宁斯大林著作编译局. 马克思恩格斯文集：第 2 卷[M]. 北京：人民出版社，2009：591.

② 中共中央马克思恩格斯列宁斯大林著作编译局. 马克思恩格斯文集：第 1 卷[M]. 北京：人民出版社，2009：502.

程，也不是一个被动的过程，而是人们在对制度演进进行科学认识的基础上主动作为的过程。

首先，现实的人是制度变革的主体，人民群众是历史的创造者，也是推动制度演进的决定性力量。现代社会中的普通大众、阶级、政党、国家、政府、社会等都是制度变革的主体力量，而人民群众中的先进分子，即能代表最广大人民群众利益的政党是推动制度变革的领导力量。马克思、恩格斯所创立的唯物史观既非"经济决定论"，也非"技术决定论"，而是具有强烈变革指向的"主体能动论"。

其次，生产力是制度变迁、演进的原动力，生产力每向前一步都会与它一直在其中运动的旧制度产生矛盾，进而产生对新制度的要求。因为"社会的物质生产力发展到一定阶段，便同它们一直在其中运动的现存生产关系或财产关系（这只是生产关系的法律用语）发生矛盾。于是这些关系便由生产力的发展形式变成生产力的桎梏。那时社会革命的时代就到来了。随着经济基础的变更，全部庞大的上层建筑也或慢或快地发生变革"①。当然，这是从归根结底的意义上讲的，并不否认制度对解放和发展生产力的巨大反作用，也不否认其他因素对制度变革的作用。例如，关于意识形态对制度变革的巨大推动作用，马克思曾指出，"批判的武器当然不能代替武器的批判，

---

① 中共中央马克思恩格斯列宁斯大林著作编译局．马克思恩格斯文集：第 2 卷 [M]．北京：人民出版社，2009：597.

物质力量只能用物质力量来摧毁；但是理论一经掌握群众，也会变成物质力量"①。

最后，制度演进有其规律，人们并不能随心所欲地推动制度变革，在这点上最为经典的阐述即"两个决不会"的论断，即"无论哪一个社会形态，在它所能容纳的全部生产力发挥出来以前，是决不会灭亡的；而新的更高的生产关系，在它的物质存在条件在旧社会的胎胞里成熟以前，是决不会出现的。所以人类始终只提出自己能够解决的任务，因为只要仔细考察就可以发现，任务本身，只有在解决它的物质条件已经存在或者至少是在生成过程中的时候，才会产生"②。同样，这仍然是马克思从宏大视野出发对于较长期、大跨度的侧重于制度变革的质变方面的论述，在一定生产力水平下依然具有在制度变革的量变方面有所作为的可能，而要想实现这一可能首先必须认识制度演进的规律，然后在尊重规律的基础上创造制度变革的条件。此外，马克思、恩格斯还指出制度变革的两种形式：暴力革命和渐进式改良，而究竟采取哪一种形式推进制度演进取决于当时的历史条件。

---

① 中共中央马克思恩格斯列宁斯大林著作编译局 . 马克思恩格斯文集：第 1 卷[M]. 北京：人民出版社，2009：11.
② 中共中央马克思恩格斯列宁斯大林著作编译局 . 马克思恩格斯文集：第 2 卷[M]. 北京：人民出版社，2009：592.

第二节　科学社会主义的制度构建原则

19世纪40年代，在西方资本主义制度形态下已存在300多年的社会主义思想实现了第一次飞跃，科学社会主义诞生。它吸收了前人的优秀成果，在哲学、经济学、政治学等方面实现重大理论创新和突破。唯物史观和剩余价值学说的发现，以及在这两大理论基石上搭建起的社会主义理论框架，使其具有了无可辩驳的科学性。科学社会主义的基本原则不是停留在对理性王国和永恒正义的逻辑思辨上，也不是理论创始人根据当时的历史条件得出的个别结论和对未来的推测，而是融科学性、价值性、行动性、工具性、开放性、发展性为一体的经得起历史和实践检验的时代真理。这些真理为中国制度形态的形成和发展提供了最基本的理性原则，只有坚持科学社会主义的制度构建原则才能保证在具体的制度选择、制度设计、制度构建、制度创新中始终保持正确的方向。

一、根据历史发展规律得出的基本原则

科学社会主义建立在唯物史观和剩余价值学说这两大理论基石之上，是通过对人类历史发展规律及资本主义制度自身无法克服的基本矛盾的科学认识得出的。之所以是"科学"，就

是因为其符合历史发展的一般规律，并在此基础上揭示了社会主义制度产生及其发展的特殊规律。对这些一般规律和特殊规律进行梳理，可得出三个重要的基本原则，即社会主义必然代替资本主义、社会主义制度构建须分步实施、社会主义制度是持续变革的。

（一）社会主义必然代替资本主义

科学社会主义创始人成功地将唯物辩证法应用于历史、社会领域，得出了唯物史观的核心原理，即社会发展的原动力为社会内部必然存在的基本矛盾的运动发展。社会发展的基本矛盾分为两个层面，一个层面存在生产力、生产关系之间，另一个层面存在经济基础、上层建筑之间。用这个核心原理来分析资本主义制度形态，便发现了其自身无法克服的一对矛盾关系：社会化大生产与生产资料私人占有之间的矛盾。这一矛盾的发展必然上升为"质"的方面的制度变革，社会主义必然代替资本主义，这个历史趋势是不可逆转的。虽然人类制度现代化的第一个形态是资本主义制度形态，它彻底改变了传统的封建等级制度下人对人的依赖、人对人的控制的异化现象，"起而代之的是自由竞争以及与自由竞争相适应的社会制度和政治制度、资产阶级的经济统治和政治统治"①，这是过去一切制度所无法比拟的富有效率的制度设计，极大地解放了社会生产

---

① 中共中央马克思恩格斯列宁斯大林著作编译局. 马克思恩格斯文集：第 2 卷 [M]. 北京：人民出版社，2009：36-37.

力。正如《共产党宣言》中所讲的那样，"资产阶级在它的不到一百年的阶级统治中所创造的生产力，比过去一切世代创造的全部生产力还要多，还要大"①。但是，这一现代化的制度形态将人类带入了人对物的依赖和物对人的统治的时代，这仍是一种制度形态的异化现象。制度形态的异化决定了制度缺陷，使得资产阶级所标榜的自由、公平、正义等现代性价值理念成为空洞的口号。资本主义制度形态在推进人类制度现代化的同时又孕育着反现代性的因素，它必将被新的更高级的现代化制度形态，即社会主义制度形态所替代。深刻认识这一必然性，对于我们增强制度自信，坚持走社会主义的、具有中国特色的制度现代化道路具有极其重要的意义。

（二）社会主义制度构建须分步实施

任何事物都是一个过程，这是唯物辩证法的一条基本原理，唯物史观是唯物辩证法在社会历史领域的具体运用②，自然也内在地包含这一规律性认识。具体到社会主义制度的构建就是要尊重事物发展的客观规律，将制度构建放在一个过程中考虑，分阶段实施，结合每个阶段的特点和所能达到的历史条件，在实事求是的基础上发挥制度构建主体的主观能动性，在

---

① 中共中央马克思恩格斯列宁斯大林著作编译局．马克思恩格斯文集：第2卷
[M]．北京：人民出版社，2009：36.
② 学术界对于"历史唯物主义是辩证唯物主义在社会历史领域的运用"这一
说法存在争议，笔者不同意这一说法，但从方法论的角度，笔者认为"唯
物史观是唯物辩证法在社会历史领域的具体运用"。

主客观相统一的基础上稳步推进。科学社会主义的经典作家根据他们所处的历史时代，曾对这一问题提出过一些具有方法论意义的观点和预测，这些对现实中社会主义制度的构建具有启发意义。马克思在《哥达纲领批判》中指出，"在资本主义社会和共产主义社会之间，有一个从前者变为后者的革命转变时期"①。同时，明确地把共产主义社会分为两个阶段，由于第一阶段是"在经过长久阵痛刚刚从资本主义社会产生出来的"②，所以"它在各方面，在经济、道德和精神方面都还带着它脱胎出来的那个旧社会的痕迹"③。而在进入共产主义的高级阶段之后，"在迫使个人奴隶般地服从分工的情形已经消失，从而脑力劳动和体力劳动的对立也随之消失之后；在劳动已经不仅仅是谋生的手段，而且本身成了生活的第一需要之后；在随着个人的全面发展，他们的生产力也增长起来，而集体财富的一切源泉都充分涌流之后，只有在那个时候，才能完全超出资产阶级权力的狭隘眼界，社会才能在自己的旗帜上写上：各尽所能，按需分配！"④ 后来，列宁在《国家与革命》这部著作中，将前者称为社会主义社会阶段，将后者称为共产

① 中共中央马克思恩格斯列宁斯大林著作编译局. 马克思恩格斯文集：第 3 卷[M]. 北京：人民出版社，2009：445.
② 中共中央马克思恩格斯列宁斯大林著作编译局. 马克思恩格斯文集：第 3 卷[M]. 北京：人民出版社，2009：435.
③ 中共中央马克思恩格斯列宁斯大林著作编译局. 马克思恩格斯文集：第 3 卷[M]. 北京：人民出版社，2009：434.
④ 中共中央马克思恩格斯列宁斯大林著作编译局. 马克思恩格斯文集：第 3 卷[M]. 北京：人民出版社，2009：435-436.

主义社会阶段。这里需要指出的是，不能以经典作家根据当时历史条件做出的结论或者观点来裁剪今天的现实，认为今天我国社会制度的发展阶段还属于"过渡时期"而不属于社会主义社会，这是非常有害的。马克思主义经典作家为我们提供的是研究历史的方法，他们"绝不提供可以适用于各个历史时代的药方或公式"①。不理解这一点，就不能真正坚持唯物辩证法，也就不可能真正理解唯物史观。关于社会主义发展阶段，必须根据现实中社会的主要矛盾和大的时代背景来划分，社会主义制度的构建也必须分步实施。

（三）社会主义制度是持续变革的

作为制度现代化过程中一种更为高级的制度形态，社会主义制度形态在现实中和其他制度形态一样，是经常变化和改革的，是静态与动态的统一。一方面，社会主义制度不是从一诞生就尽善尽美的，而是需要不断地改革、发展、完善，才能逐渐发挥出制度所承载的价值优势和推动社会发展的优势；另一方面，在现实中，社会主义制度没有一成不变的模式可以复制，而是在坚持基本制度本质不变的前提下具有多种发展形态。恩格斯在1890年致奥托·伯尼克的信中指出，"所谓'社会主义社会'不是一种一成不变的东西，而应当和任何其他社

---

① 中共中央马克思恩格斯列宁斯大林著作编译局. 马克思恩格斯文集：第 1 卷 [M]. 北京：人民出版社，2009：526.

会制度一样，把它看成是经常变化和改革的社会"①。当代中国制度现代化的过程就是适应不断变化的条件进行不断改革的过程。

二、人类现代化制度形态的核心价值理性

人类自古就有追求理想社会制度的价值追求，但是长期以来这种价值追求只能通过皈依宗教来实现。近代西方资产阶级的价值追求是人类价值追求的一次飞跃，在他们的价值追求下建立起的资本主义制度形态开启了人类制度文明的现代化进程。西方世界在经历了中世纪的"黑暗时代"后，进入了文艺复兴、启蒙运动的理性时代，自由、平等、博爱、人权等资产阶级人道主义思潮顺应了历史的潮流，发挥了积极的历史作用。但是，这些价值理念的现实转化建立在资本主义私有制基础上，只限于资产阶级享有，无产阶级和广大劳动人民被排除在外。科学社会主义创始人马克思和恩格斯批判地继承了18世纪启蒙学者和19世纪空想社会主义者的价值观，提出了"人的自由而全面发展"的价值取向，这成为人类制度形态现代化的最高价值追求。因为这一价值理性不是表面上或形式上局限于某一个阶级的自由，而是直接指向"一切人"的自由。

---

① 中共中央马克思恩格斯列宁斯大林著作编译局. 马克思恩格斯文集：第10卷［M］. 北京：人民出版社，2009：588.

这一具有真正现代性和现实性的价值取向就是社会主义制度形态的核心价值理性。马克思、恩格斯指出："代替那存在着阶级和阶级对立的资产阶级旧社会的，将是这样一个联合体，在那里，每个人的自由发展是一切人的自由发展的条件。"① 后来马克思把共产主义社会称为"自由人的联合体"，实际上就是对达到"人的自由而全面发展"时的制度形态的简单描述，这是对资本主义私有制的扬弃和超越，其价值指向也是对资产阶级价值追求的扬弃和超越。"共产主义是对私有财产即人的自我异化的积极的扬弃，因而是通过人并且为了人而对人的本质的真正占有；因此，它是人向自身，也就是向社会的即合乎人性的人的复归，这种复归是完全的复归，是自觉实现并在以往发展的全部财富的范围内实现的复归。这种共产主义，作为完成了的自然主义，等于人道主义，而作为完成了的人道主义，等于自然主义，它是人和自然界之间、人和人之间的矛盾的真正解决，是存在和本质、对象化和自我确证、自由和必然、个体和类之间的斗争的真正解决。"② 可见，虽然资产阶级也以同样的话语来表达他们所构建的制度形态的价值追求，但是真实的意义完全不一样。科学社会主义关于"人的自由而全面发展"的价值取向超越了资本主义制度现代化所定义的现

① 中共中央马克思恩格斯列宁斯大林著作编译局．马克思恩格斯文集：第 2 卷［M］．北京：人民出版社，2009：53.

② 中共中央马克思恩格斯列宁斯大林著作编译局．马克思恩格斯文集：第 1 卷［M］．北京：人民出版社，2009：185.

代性，即以"人本"逻辑超越了"资本"逻辑，因而是中国特色社会主义制度形态发展过程中必须始终坚持的核心价值指向。但是，由于这一价值理性的终极性和抽象性，实现这一制度形态现代化的最高价值追求，大体来说，需要经过先物质后精神的发展历程，即随着时间的推移和实践的慢慢积累，当人类社会有一天进入生产力高度发达的阶段，就会最终实现由必然王国向自由王国的飞跃。在现实的制度构建过程中，还必须注意将其转化为现阶段所能接受的价值观，具体来说，就是在不断发展生产力的同时，必须始终坚持"以人民为中心"的发展理念，不断推进社会的公平正义，实现全体人民共同富裕，促进人的全面发展。

三、社会主义制度形态的质的规定性

科学社会主义提供的制度构建方式既要坚持根据人类历史发展规律得出的基本原则，体现其科学性，又要指向人类的最高价值追求，体现其价值性，同时还要坚持社会主义制度形态的质的规定性，从而保持其"社会主义性"。社会主义制度形态是在与资本主义制度形态的比较中体现其优势的，是对资本主义制度形态的否定（扬弃），有其自身的质的规定性。

（一）更高的生产力和生产资料公有制相统一的原则

社会主义制度形态的质的规定性从根本上来说取决于两个标准，一个是生产力标准，另一个是生产关系标准。马克思与

恩格斯在《共产党宣言》中指出，无产阶级在上升为统治阶级后要"尽可能快地增加生产力的总量"①。同时，他们认为未来社会与资本主义社会的区别是"它同现存制度的具有决定意义的差别当然在于，在实行全部生产资料公有制（先是国家的）基础上组织生产"②。资本主义制度极大地解放了生产力，但是生产社会化和生产资料私人占有之间的矛盾使得其无法克服周期性的经济危机，从而又在很大程度上束缚了生产力的进一步发展，而社会主义制度形态的生产资料占有形式与社会化大生产相适应，必将取得比在资本主义制度形态下更高的生产率。但是需要注意，这两方面是统一的，若只顾及生产力标准，片面地追求生产力的发展而不坚持公有制的主体地位，就等于又退回到资本主义制度；而若只顾及生产关系的标准，不顾及生产力发展水平，片面地追求纯之又纯的公有制，则也不是合格的社会主义制度形态。

（二）有计划地组织生产和按劳分配的原则

在社会化大生产的背景下，对生产率有了更高的要求，这就决定了社会主义社会要实行有计划地组织社会生产的原则，在今天社会主义市场经济体制下就是要加强国家的宏观调控职能。利用市场原理、价值规律来配置经济社会发展资源是现代

---

① 中共中央马克思恩格斯列宁斯大林著作编译局．马克思恩格斯文集：第2卷［M］．北京：人民出版社，2009：52.

② 中共中央马克思恩格斯列宁斯大林著作编译局．马克思恩格斯文集：第10卷［M］．北京：人民出版社，2009：588.

制度形态的重要特征。资本主义制度形态几百年的实践已经充分证明，没有国家和政府的计划和调控，市场失灵就不可避免地经常发生，而由于现代资本主义受到阶级利益的干扰，其制度设计本身难以解决这个问题，这正是社会主义制度形态与之相比的原则性区别之一。生产资料的社会占有性质决定了分配方式上实行按劳分配的可能性。这两方面的原则是与更高的生产力和生产资料公有制相配套的原则，前者是后者派生出来的，同时也为后者提供支撑。只有在有计划地组织生产的基础上才可能有更高的生产率，只有按劳分配才能保证公平公正、激发社会活力，也才能进一步巩固公有制的占有形式。加强国家宏观调控能力和坚持按劳分配为主体的分配方式，是中国特色社会主义制度形态发展和完善过程中必须始终坚持的基本原则。

（三）以无产阶级政党为领导核心的原则

任何一种制度形态的构建都应有一个相应的主导阶级。在现代政治中，各阶级中的先进分子、积极分子往往会组成政党来推动制度变革，社会主义制度形态的构建也是如此。"无产阶级在反对有产阶级联合力量的斗争中，只有把自身组织成为与有产阶级建立的一切旧政党不同的、相对立的政党，才能作为一个阶级来行动""为保证社会革命获得胜利和实现革命的最高目标——消灭阶级，无产阶级这样组织成为政党是必要的"。① 因此，无产阶级取得政权进而上升为统治阶级需要有无产阶级政党的领导。在无产阶级政党取得政权后，在阶级、国家等消亡之前，无产阶级政党将肩负起发展社会生产、领导社会主义事业建设的使命，成为制度构建的领导力量和主体之一，这是社会主义制度构建的内在要求，也是社会主义制度构建过程中必须首要坚持的一条基本原则，它直接体现了社会主义制度形态的质的规定性。中国特色社会主义制度形态的构建是一个历史过程，这一过程中必须始终坚持中国共产党的领导核心地位不动摇。

第三节　中国共产党的制度构建理念

中国共产党在领导全国人民驱逐外族侵略、推翻反动统治、建立新中国、推进改革开放的过程中，不断积累经验，深化了对制度构建规律的认识，形成了科学的制度理念。历史唯物主义制度观和科学社会主义基本原则为我国制度形态的形成与发展提供了理论基础和必须坚持的理性原则，中国共产党的制度理念则是我国制度形态形成和发展的基本遵循和最直接的

---

① 中共中央马克思恩格斯列宁斯大林著作编译局. 马克思恩格斯文集：第 3 卷 [M]. 北京：人民出版社，2009：228.

行动指南。贯穿中国共产党的制度构建理念的一条主线就是"社会主义基本矛盾论",这是以毛泽东、邓小平、江泽民、胡锦涛、习近平为主要代表的中国共产党人关于社会主义制度理念的哲学基础。

一、社会主义制度的自我完善与发展

毛泽东关于制度形态的理论和实践探索为社会主义基本制度的形成作出了卓越贡献,为中国特色社会主义制度形态的形成提供了理论前提、经验积累和制度基础。毛泽东在中华人民共和国成立前就在新民主主义革命实践的基础上对新中国的政治制度和经济制度做了充分论证和构想,特别是在政治制度方面提出了人民民主专政的国体、民主集中制的政体、中国共产党领导的多党合作和政治协商制度、民族区域自治制度等富有中国特色的制度设计,使科学社会主义制度原则在中国得到了创新发展。这些制度构想随着《中国人民政治协商会议共同纲领》和《中华人民共和国宪法》(1954)的颁布确定下来,社会主义各方面法制也随之逐步完善。1956年社会主义改造完成后,社会主义基本制度在中国确立。在构建社会主义制度的过程中,毛泽东对我国经济、政治、文化体制等方面的建设也做了初步探索,提出了一系列有价值的观点,如"以苏为鉴"、突破苏联模式、改革经济体制弊端、反对官僚主义和精简机构、坚持在社会主义意识形态领域中的马克思主义指导等。就中国制度现代化理念来说，毛泽东最大的贡献是首创了社会主义制度自我完善和发展理论。①

人类社会任何一种制度形态都不是一成不变的，都有一个形成、发展以至灭亡的过程。新的比较先进的制度形态形成后，如果不能继续自我更新，固守一成不变的"模式"，最终就会陷入困境，甚至会被取代。毛泽东关于社会主义制度自我完善与发展的理论是科学社会主义史上的重大理论创新，这一理论创新建立在他对社会主义社会基本矛盾的科学认识基础上。马克思与恩格斯曾从社会的基本结构及其矛盾运动的角度揭示了社会发展的一般规律，并运用这一规律分析资本主义制度下社会的基本矛盾，得出了一个基本的结论，即它自身无法克服其制度设计所造成的基本矛盾，并最终必然被社会主义制度形态所替代。但是，由于时代的局限，他们并没有论及关于社会主义制度的矛盾问题，且认为这一问题只有随着时代的进步，结合具体的实践才能具体分析。那么，社会主义制度形态下的社会是否存在基本矛盾？如果存在又是什么样的矛盾？需要有人做出回答。列宁对这一问题具有深刻的认识："对抗和矛盾完全不是一回事。在社会主义下，对抗将会消失，矛盾仍将存在。"② 然而，列宁的继任者斯大林在很长一段时期内，

---

① 阎树群. 中国特色社会主义制度的理论探索：从毛泽东到胡锦涛［M］. 西安：陕西师范大学出版总社有限公司，2012：2.

② 中共中央马克思恩格斯列宁斯大林著作编译局. 列宁全集：第60卷［M］. 北京：人民出版社，1990：281-282.

直到他去世前，都不承认社会主义制度下还存在矛盾。毛泽东则从普遍性与特殊性相结合的角度，首次提出了"社会主义基本矛盾"的概念并对社会主义社会的基本矛盾进行了科学的分析。这一重大的理论创新拓展了人们对社会主义制度构建的规律性认识。

在《关于正确处理人民内部矛盾的问题》一文中，毛泽东认为在社会主义社会中，"基本的矛盾仍然是生产关系和生产力之间的矛盾，上层建筑和经济基础之间的矛盾"①。这里指明了唯物史观所揭示的社会基本矛盾的普遍性，即在社会主义制度下"仍然"存在社会结构基本方面之间的矛盾运动。同时，这一矛盾有其特殊性，毛泽东强调，"不过社会主义社会的这些矛盾，同旧社会的生产关系和生产力的矛盾、上层建筑和经济基础的矛盾，具有根本不同的性质和情况罢了"②。"社会主义生产关系已经建立起来，它是和生产力的发展相适应的；但是，它又还很不完善，这些不完善的方面和生产力的发展又是相矛盾的。除了生产关系和生产力发展的这种又相适应又相矛盾的情况以外，还有上层建筑和经济基础的又相适应又相矛盾的情况。"③ 社会主义制度下的矛盾是人民内部的矛盾，

---

① 中共中央文献研究室．毛泽东文集：第七卷［M］．北京：人民出版社，1999：214.

② 中共中央文献研究室．毛泽东文集：第七卷［M］．北京：人民出版社，1999：214.

③ 中共中央文献研究室．毛泽东文集：第七卷［M］．北京：人民出版社，1999：215.

而"在一般情况下，人民内部的矛盾不是对抗性的"①。这样一来，毛泽东运用矛盾的普遍性与特殊性相统一的原理初步回答了社会主义制度下是否存在社会基本矛盾以及存在什么样的基本矛盾的问题，进而根据这种矛盾的特殊性得出了可以通过社会主义制度自我完善和发展来加以解决的观点，这就解决了人们在这个问题上的长期困扰。毛泽东关于社会主义制度自我完善和发展的社会主义制度观深深影响了中国制度形态现代化的进程，为中国特色社会主义制度形态的形成奠定了基础。

二、改革是社会主义制度的自我完善和发展

邓小平作为中国社会主义改革开放和现代化建设的总设计师，对于中国早日实现现代化的问题提出了一系列丰富而深刻的战略思想，其中包括了比较系统的制度改革思想，这些思想成为改革开放以来我国制度构建的重要理论支撑，具有开创性意义。邓小平制度改革思想是在对我国社会主义基本矛盾的认识进一步深化的基础上，对毛泽东的社会主义制度自我完善和发展理论的继承和发展，是对中国这样一个经济文化落后的国家如何通过社会主义道路实现现代化、通过制度现代化建成社会主义国家的思考，同时也是对导致"文化大革命"惨痛教训

---

① 中共中央文献研究室. 毛泽东文集：第七卷［M］. 北京：人民出版社，1999：211.

的"制度缺失"进行反思的结果。邓小平制度改革思想是一个包含哲学基础、方法原则、动力、目标、路径等方面在内的逻辑体系，开创了独特的中国制度现代化之路——中国特色社会主义道路，并形成了符合时代需要和中国国情的理论创新，为我国制度形态的构建指明了方向。

邓小平深化了对我国社会主义基本矛盾的认识，并肯定了从生产力的角度对我国一个时期的主要矛盾做出的概括。1979年，邓小平在一次会议上指出，"关于基本矛盾，我想现在还是按照毛泽东同志在《关于正确处理人民内部矛盾的问题》一文中的提法比较好……当然，指出这些基本矛盾，并不就完全解决了问题，还需要就此做深入的具体的研究"①。根据唯物辩证法基本原理，社会基本矛盾总是表现为社会主要矛盾，抓住了社会主要矛盾就等于"牵住了牛鼻子"，这样社会基本矛盾才能迎刃而解。党的八大明确提出："我们国内的主要矛盾，已经是人民对于建立先进的工业国的要求同落后的农业国的现实之间的矛盾，已经是人民对于经济文化迅速发展的需要同当前经济文化不能满足人民需要的状况之间的矛盾。"② 但后来毛泽东又认为"八大文件上只讲所有制、生产关系与生产力的关系，没有讲人与人的关系，这反映那时的情况。党的八大决

---

① 邓小平.邓小平文选：第二卷［M］.北京：人民出版社，1994：181-182.
② 中共中央文献研究室.建国以来重要文献选编：第九册［M］.北京：中央文献出版社，1994：341.

议说，目前，主要矛盾是先进的社会制度与落后的生产力之间的矛盾。这个矛盾将来还会有，因此这句话从长远讲也对，但现在看则不适当"。而"无产阶级和资产阶级的矛盾，社会主义道路和资本主义道路的矛盾，毫无疑问，这是当前我国社会的主要矛盾"①。此后，邓小平重新肯定了党的八大对主要矛盾的概括，认为"我们的生产力发展水平很低，远远不能满足人民和国家的需要，这就是我们目前时期的主要矛盾，解决这个主要矛盾就是我们的中心任务"②。中共十一届六中全会根据邓小平的论述，对我国这一时期内的社会主要矛盾做了规范表述，即"人民日益增长的物质文化需要同落后的社会生产之间的矛盾"，并将之一直沿用到党的十九大之前。效率是制度现代性的内在要求，较高的生产力水平是制度现代化的重要维度，中共十一届六中全会提出的主要矛盾正是基于生产力角度对我国社会主要矛盾的科学判断，开启了中国特色的制度现代化征程，为中国特色社会主义制度形态的形成提供了重要的哲学基础。

在对我国社会基本矛盾深刻把握的基础上，邓小平提出了"改革是社会主义现代化建设的根本途径，是解放和发展生产

① 中共中央文献研究室. 毛泽东传（1949—1976）：上［M］. 北京：中央文献出版社，2003．719-720.
② 邓小平. 邓小平文选：第二卷［M］. 北京：人民出版社，1994：182.

力的强大动力"①"改革是社会主义制度的自我完善"② 的思想，将社会主义与制度现代化结合起来，将坚持社会主义制度与完善社会主义制度结合起来，将坚持四项基本原则与坚持改革开放结合起来，提出了"一个中心、两个基本点"的基本路线，保证了中国制度形态沿着正确的方向发展。改革本质上就是进行制度变革，只有通过制度变革才能解放和发展生产力，也才能解决我国社会面临的基本矛盾，提高人民的生活质量和幸福指数。那么改革究竟怎么改？显然，邓小平所讲的改革不是完全否定社会主义制度的"改向"，也不是对原有体制进行简单的修修补补，而是在坚持方向和原则的前提下，对束缚生产力发展的具体制度（体制）进行的根本性变革。邓小平早在1979 年党的理论工作务虚会上就做了《坚持四项基本原则》的著名讲话，并在 1985 年会见外宾时指出："我们建立的社会主义制度是个好制度，必须坚持。"③ 他还进一步强调了社会主义的生产力原则，指出"马克思主义的基本原则就是要发展生产力"④。继而在 1985 年指出，"社会主义有两个非常重要的方面，一是以公有制为主体，二是不搞两极分化"⑤。这里

① 科学发展观党员干部读本［M］.北京：人民出版社，2008：14.
② 邓小平. 邓小平文选：第三卷［M］.北京：人民出版社，1993：142.
③ 中共中央文献研究室编. 邓小平思想年谱（1975—1997）北京：中央文献出版社，1998：314.
④ 邓小平. 邓小平文选：第三卷［M］.北京：人民出版社，1993：116.
⑤ 邓小平. 邓小平文选：第三卷［M］.北京：人民出版社，1993：138.

"公有制为主体"的提法为日后中国特色社会主义基本经济制度的形成做了铺垫。与此同时，邓小平还认为"改革是中国的第二次革命"①。正如党的十四大报告所述，"它也不是原有经济体制的细枝末节的修补，而是经济体制的根本性变革"②。邓小平首次对社会主义基本制度和具体制度（体制）做了区别，阐明了两者之间辩证统一的关系。我国制度形态的优越性发挥不出来，不是因为我们基本制度的问题，也不是因为我们制度的属性和性质的问题，而是因为具体体制的设计和执行可能游离于基本制度所内含的价值取向之外，从而导致基本制度的外化受到了限制，优势得不到充分的显示。

邓小平制度现代化思想的内涵极为丰富，除了以上重要内容，在中国制度现代化的目标、路径及具体细节方面亦有大量的论述。如邓小平就制度现代化的目标提出："恐怕再有三十年的时间，我们才会在各方面形成一整套更加成熟、更加定型的制度。"③这一战略构想从改革开放的实践中得出，符合中国国情。就制度现代化的路径，邓小平提出："我们的方针是，胆子要大，步子要稳，走一步，看一步。我们的政策是坚定不移的，不会动摇的，一直要干下去，重要的是走一段就要总结

---

① 邓小平. 邓小平文选：第三卷 [M]. 北京：人民出版社，1993：113.
② 中共中央文献研究室. 十四大以来重要文献选编：上 [M]. 北京：人民出版社，1996：3.
③ 邓小平. 邓小平文选：第三卷 [M]. 北京：人民出版社，1993：372.

经验。"① 邓小平还提出"全面的体制改革"的思想，认为"改革是全面的改革，包括经济体制改革、政治体制改革和相应的其他各个领域的改革"②。他特别重视体制改革的相互协同、配套，特别是经济体制改革的顺利进行要求其他方面，特别是政治体制改革的协同配合，他在这方面提出了许多新的观点，做了很多积极的工作。在讨论党和国家的领导制度改革时，他认为："我们过去发生的各种错误，固然与某些领导人的思想、作风有关，但是组织制度、工作制度方面的问题更重要。"③ 此外，邓小平在教育体制改革、科技体制改革方面也有不少论述。

三、以制度创新推进社会主义制度自我完善和发展

江泽民同志高度重视创新在国家和社会发展中的作用，关于制度构建方面，他提出了丰富的制度创新理念。中共十三届四中全会以来，我们党不断推进实践基础上的理论创新，形成了"三个代表"重要思想，从而把加强和改进党的建设与社会主义制度的自我发展和完善结合起来，把保持党的先进性与发挥社会主义制度的优越性结合起来，把加强对党的执政规律的认识与加强对社会主义建设规律、人类社会发展规律的认识结

① 邓小平. 邓小平文选：第三卷 [M]. 北京：人民出版社，1993：113.
② 邓小平. 邓小平文选：第三卷 [M]. 北京：人民出版社，1993：237.
③ 邓小平. 邓小平文选：第二卷 [M]. 北京：人民出版社，1994：333.

合起来。"三个代表"重要思想不仅深刻回答了建设什么样的党和怎样建设党的问题，还蕴含着丰富的制度创新思想。"创新是一个民族进步的灵魂，是一个国家兴旺发达的不竭动力，也是一个政党永葆生机的源泉。"① 江泽民十分重视创新的重要性并对创新的类型做了科学划分，明确提出了制度创新的概念。在党的十六大报告中，江泽民再次强调，"通过理论创新推动制度创新、科技创新、文化创新以及其他各方面的创新，不断在实践中探索前进，永不自满，永不懈怠，这是我们要长期坚持的治党治国之道"②。

江泽民关于制度创新的理念继承和发展了毛泽东、邓小平的制度理念，坚持社会主义基本矛盾论，明确提出"推进社会主义制度自我完善和发展"的命题，他指出："在社会主义社会的各个历史阶段，都需要根据经济社会发展的要求，适时地通过改革不断推进社会主义制度自我完善和发展，这样才能使社会主义制度充满生机和活力。"③ 而"社会主义制度的自我完善和发展，说到底，是一个体制创新的问题"④。江泽民还继承了邓小平关于"发展是硬道理"的思想，提出"发展是党执政兴国的第一要务"的论断和"促进人的全面发展"的观点。他指出，我们建设有中国特色社会主义的各项事业，我

① 江泽民. 江泽民文选：第三卷 [M]. 北京：人民出版社，2006：64.
② 江泽民. 江泽民文选：第三卷 [M]. 北京：人民出版社，2006：537-538.
③ 江泽民. 江泽民文选：第三卷 [M]. 北京：人民出版社，2006：274.
④ 江泽民. 江泽民文选：第三卷 [M]. 北京：人民出版社，2006：120.

们进行的一切工作，既要着眼于人民现实的物质文化生活需要，同时又要着眼于促进人民素质的提高，也就是要努力促进人的全面发展。① "促进人的全面发展"是关于"人的自由而全面发展"的最高价值追求在现阶段的体现，强化了中国制度形态现代化过程中的价值取向。

江泽民指出："保证党和国家的长治久安，制度建设是最根本的。"② 在强调制度创新的重要性的同时，他对我国社会主义事业各方面的制度构建和制度创新也形成了新的认识，这些新的认识涉及经济、政治、文化等各方面，将我国的制度建设水平提高到一个新的高度。在经济制度创新方面，他提出把"公有制为主体、多种所有制经济共同发展"确定为我国社会主义初级阶段的基本经济制度，科学阐释了公有制与其实现形式的辩证关系，并对建立社会主义市场经济体制和完善分配制度提出了一系列创新思想。在政治制度创新方面，他提出依法治国，强调要积极稳妥地推进政治体制改革，改革和完善党的领导方式和执政方式，改革和完善决策机制、行政管理体制、人事制度、监督和制约机制等。③ 在文化制度创新方面，他提出必须始终坚持马克思主义在意识形态方面的指导地位，用"三个代表"重要思想统领社会主义文化建设，不断满足人民

① 江泽民. 江泽民文选：第三卷 [M]. 北京：人民出版社，2006：294.
② 江泽民. 论党的建设 [M]. 北京：中央文献出版社，2001：547.
③ 江泽民. 江泽民文选：第三卷 [M]. 北京：人民出版社，2006：553-557.

日益增长的精神文化需求，深化文化体制改革等重要思想。①

四、中国特色社会主义制度是一个制度体系

进入 21 世纪，以胡锦涛同志为主要代表的中国共产党人继续推进实践基础上的理论创新。胡锦涛同样是以社会基本矛盾论为哲学基础，进一步深化了对马克思主义社会发展理论的认识，针对我国社会发展中的现实问题提出了科学发展观，使我们党对发展问题的认识提高到了新的水平，同时吸收中华传统文化中的精华，提出了建设和谐社会的思想。在此基础上，他进一步阐述了发展和制度之间的辩证关系，把制度构建的地位提升到新的高度，明确提出了"中国特色社会主义制度"的概念。

发展是人类社会永恒的主题。发展包括制度的发展，也即制度的现代化，同时发展又要依靠制度来推动和保障。中国的制度现代化需要发展来实现，中国的发展或者说社会主义现代化建设也需要一套更加成熟、更加定型的制度体系来保障。一方面，胡锦涛多次强调落实科学发展观的重要意义。科学发展观具有强烈的价值指向性，同时直接针对进入 21 世纪以来我国经济社会发展各方面面临的突出问题所导致的人与自然、人与人之间关系的紧张局面，深化了对社会基本矛盾新的表现形

---

① 江泽民. 江泽民文选：第三卷 [M]. 北京：人民出版社，2006. 559-561.

式的认识，坚持了科学社会主义基本原则，提出了"以人为本"、全面协调可持续、统筹兼顾等重大战略思想和理念，对于中国制度形态现代化建设具有十分重要的指导意义和现实意义。另一方面，胡锦涛强调了制度建设对于推动科学发展的重要意义，他指出："要完善社会主义市场经济体制，推进各方面体制改革创新，加快重要领域和关键环节改革步伐，全面提高开放水平，着力构建充满活力、富有效率、更加开放、有利于科学发展的体制机制，为发展中国特色社会主义提供强大动力和体制保障。"①

2011 年是中国共产党成立 90 周年。经过 90 年的奋斗和积累，我国社会主义制度构建渐入佳境，在庆祝中国共产党成立 90 周年大会上，胡锦涛首次明确提出"中国特色社会主义制度"的概念，将其与中国特色社会主义道路、中国特色社会主义理论体系一道列为党领导人民长期奋斗创造积累的重大成果，并指出要推进我国制度形态的自我完善和发展，在各领域形成一套相互衔接、相互联系的制度体系。在这次大会上，胡锦涛还指出，中国特色社会主义制度是由根本制度、基本制度、具体制度三个层面的制度以及中国特色社会主义法律体系组成的制度体系，并对其优越性做了"五个有利于"的重要概括。② 在党的十八大报告中，胡锦涛再次明确指出："中国特

---

① 胡锦涛. 胡锦涛文选：第二卷 [M]. 北京：人民出版社，2016：626.
② 胡锦涛. 胡锦涛文选：第三卷 [M]. 北京：人民出版社，2016：527.

色社会主义制度，就是人民代表大会制度的根本政治制度，中国共产党领导的多党合作和政治协商制度、民族区域自治制度以及基层群众自治制度等基本政治制度，中国特色社会主义法律体系，公有制为主体、多种所有制经济共同发展的基本经济制度，以及建立在这些制度基础上的经济体制、政治体制、文化体制、社会体制等各项具体制度。"① 这是对我国社会主义制度认识的新高度，也是中国共产党社会主义制度理念的新发展。

五、推进国家治理体系和治理能力现代化

党的十八大以来，面对改革进入深水区、我国社会主要矛盾发生转化的现实，以习近平同志为核心的党中央以巨大的政治勇气和强烈的责任担当，大刀阔斧推动改革向纵深发展，取得了巨大成就，使党和国家的面貌发生了历史性变革。在实现伟大梦想的征程中，在进行伟大斗争、建设伟大工程、推进伟大事业的实践中，不断深化对我国推进现代化建设的规律性认识，形成了习近平新时代中国特色社会主义思想。其中，蕴含着十分丰富的制度自信、制度建设、制度创新、制度治理思想，特别是从国家治理的角度提出了国家治理体系和治理能力现代化的制度观。

经过改革开放 40 多年的发展，我国社会主要矛盾已经发

---

① 胡锦涛. 胡锦涛文选：第三卷［M］. 北京：人民出版社，2016：622.

生转化，人民日益增长的美好生活需要和不平衡不充分的发展之间的矛盾更加凸显，各种社会矛盾和社会问题都累积到了一定程度，改革到了"涉险滩""啃硬骨头"的时候，经济风险、利益固化、腐败现象、贫富差距、民生保障问题、生态环境问题、社会安全问题等交织在一起，这些都迫切需要更加成熟的治国理政方式来缓解。面对新的形势，习近平指出："今天，摆在我们面前的一项重大历史任务，就是推动中国特色社会主义制度更加成熟更加定型，为党和国家事业发展、为人民幸福安康、为社会和谐稳定、为国家长治久安提供一整套更完备、更稳定、更管用的制度体系。"① 历史和实践证明，只有通过制度现代化的途径才能解决现代化建设过程中的复杂问题，而中国的制度现代化问题的实质就是在坚定制度自信的同时，不断推进制度创新，使我们好不容易才找到的这条制度构建之路越走越宽、越走越稳。习近平继往开来，把中国的制度现代化问题视为摆在中国共产党人面前的"一项重大历史任务"，将对制度问题的认识提升到新的高度。

在习近平总书记的领导下，党和国家更加重视制度建设。中共十八届三中、四中全会做出的重大决定，都将制度构建贯穿其中，无论是对全面深化改革的总目标设计还是运用法治来全面推进国家治理，均体现出我们党把制度构建摆在了更加突

---

① 习近平．习近平谈治国理政：第一卷［M］．北京：外文出版社，2014：104-105.

出的位置。党的十九大再一次重申全面深化改革的总目标并将其写入党章，并且在实现第二个百年奋斗目标的"两步走"安排中明确提出了我国制度现代化的目标，即到2035年，"法治国家、法治政府、法治社会基本建成，各方面制度更加完善，国家治理体系和治理能力现代化基本实现"①，这是全面开启社会主义现代化建设前半段的制度构建目标；同时也提出到21世纪中叶"实现国家治理体系和治理能力现代化"②，这就从战略上为我国制度现代化确定了时间表和路线图。中共十九届三中全会审议通过了《中共中央关于深化党和国家机构改革的决定》和《深化党和国家机构改革方案》，明确指出党和国家机构职能体系是中国特色社会主义制度的重要组成部分，深化党和国家机构改革是推进国家治理体系和治理能力现代化的一场深刻变革。中共十九届四中全会着重研究了坚持和完善中国特色社会主义制度、推进国家治理体系和治理能力现代化的若干重大问题，对我国进一步推进制度现代化做出全面部署。一系列指向中国制度现代化的重大方针政策充分显示出以习近平同志为核心的党中央对制度治理的深邃思考。

习近平总书记关于制度建设方面的论述内涵丰富，不仅深刻阐述了制度自信与制度创新、制度构建与制度执行等辩证关系，而且将制度治理的思维贯穿于社会主义事业总体布局和党

---

① 习近平. 习近平著作选读：第二卷［M］. 北京：人民出版社，2023：23.
② 习近平. 习近平著作选读：第二卷［M］. 北京：人民出版社，2023：24.

的建设等各方面和全过程，不仅为中国这样一个大国的治国理政提供了行动指南，同时也为全球治理贡献了"中国智慧"和"中国方案"。比如，在制度自信与制度创新的辩证关系上，习近平一方面高度强调制度自信，指出"没有坚定的制度自信就不可能有全面深化改革的勇气"①；另一方面他又指出："我们说坚定制度自信，不是要故步自封，而是要不断革除体制机制弊端，让我们的制度成熟而持久。"② 在制度构建与制度执行的辩证关系上，习近平强调"国家治理体系和治理能力是一个国家的制度和制度执行能力的集中体现"③，"国家治理体系和治理能力是一个有机整体，相辅相成，有了好的国家治理体系才能提高治理能力，提高国家治理能力才能充分发挥国家治理体系的效能"④。此外，习近平还提出"把权力关进制度的笼子里"⑤ "不论处在什么发展水平上，制度都是社会公平正义的重要保证。"⑥ "我国今天的国家治理体系，是在我国历史传承、文化传统、经济社会发展的基础上长期发展、渐进改进、内生性演化的结果"⑦ 等重要思想，对中国制度现代化的价值取向、功能、演进规律等方面做了深刻阐述。

---

① 习近平.习近平谈治国理政：第一卷 [M]. 北京：外文出版社，2014：106.
② 习近平.习近平谈治国理政：第一卷 [M]. 北京：外文出版社，2014：106.
③ 习近平.习近平谈治国理政：第一卷 [M]. 北京：外文出版社，2014：105.
④ 习近平.习近平谈治国理政：第一卷 [M]. 北京：外文出版社，2014：91.
⑤ 习近平.习近平谈治国理政：第一卷 [M]. 北京：外文出版社，2014：381.
⑥ 习近平.习近平谈治国理政：第一卷 [M]. 北京：外文出版社，2014：97.
⑦ 习近平.习近平谈治国理政：第一卷 [M]. 北京：外文出版社，2014：105.

第二章

中国特色社会主义制度形态的历史逻辑

中国传统制度形态造就了灿烂的中华文明，客观上却导致中国在近代落后于西方。自成一体的中国传统制度无论在农业文明时代具有多么大的优势，面对新的工业文明时代的到来也必须做出调整和变革。西方列强的入侵打破了旧制度的循环逻辑，中国不得不被动求变，但仓促之下缺乏先进理论的指导以及先进制度构建的领导力量，主体力量的制度变革没有能也不可能取得成功。历史呼唤新的思想、新的力量。十月革命的成功使马克思主义传入中国，在先进思想指导下成立的中国共产党带领广大人民群众承担起实现民族独立和人民解放、实现国家富强和人民幸福的历史任务，完成了新民主主义革命，建立了社会主义基本制度，为我国独特的制度形态的形成奠定了基础。

第一节 中国传统制度的概况

中国传统制度一般指的是自秦朝建立"大一统"的帝国开始一直到清朝覆灭，延续 2000 多年的封建社会的专制制度形态。中国传统制度在整个农耕文明时代体现出强大的制度优势，形成并巩固了统一的多民族国家，孕育了独特的中华文明，而且成为周边国家学习和效仿的制度形态。比如，日本从秦汉到隋唐都非常重视学习中国的文化和制度。中国的四大发明作为在这一制度形态下产生的科技成果传入西欧后影响了整个西方的发展进程。但是这一制度形态无法摆脱"历史周期律"带来的阶段性灾难，也无法进行自我革新，最终在西方引领的工业文明时代到来之际无情地被历史抛弃。中国的制度现代化根植于中国土壤，无法彻底隔断与中国传统制度文明的联系，故而我们今天不能不反思中国传统制度的得失，从中汲取经验和教训。

一、中国传统制度简述

中国的传统制度形态肇始于秦，由"汉承秦制"，在隋唐宋得到进一步完善并达到辉煌，再由元传承，至明清进入鼎盛时期。和西欧的封建制度相比，中国传统制度自成一脉，形成了独特的制度形态：以至高无上的皇权制度、独特的官僚制度、基层社会的乡绅和宗族治理制度作为基本的制度框架，并配以郡县制、科举制、防止皇帝决策失误的"封驳""谏议"制①、防止宰相专权的"合议制度"②、防止官员不忠和腐败的"监察制度"③ 等一系列围绕高度集权的皇权而建立起的具体制度，从而形成了一套完备的自我调节系统。

中国传统制度最本质的特征就是皇帝的高度专权。秦统一中国，以法家思想作为治国理政的指导思想，实施高度的中央集权，不仅统一了文字、度量衡，而且废"分封"立"郡县"，开创了中国历史上独有的制度设计。为了总揽大权、突出自己至高无上的地位，秦始皇另定"皇帝"为名号，自称"始皇帝"，自此，至高无上的皇帝制度就形成了。这是一项基本的政治制度，其他具体制度的设计都要从属和服务于皇权，维护皇帝的权威。然而，大秦帝国并没有像秦始皇想象的那样千秋万代，只存活不到 15 年便灭亡。尽管短命，但其影响深远。汉继承了秦的制度，但认为秦早亡的原因是法家思想导致的"暴政"，于是提倡"仁政""礼治"的儒家思想占了上风，并成为汉以后历代所尊崇的意识形态。对儒家思想的推崇后来发展到"罢黜百家，独尊儒术"。儒家思想和法家思想一样都

① 袁绪程. 中国传统社会制度研究 [J]. 改革与战略，2003（10）：7-20.
② 袁绪程. 中国传统社会制度研究 [J]. 改革与战略，2003（10）：7-20.
③ 袁绪程. 中国传统社会制度研究 [J]. 改革与战略，2003（10）：7-20.

尊重中央权威，维护皇帝专权，但是与法家过于刚性的"法"治不同，儒家思想主张通过一种非常柔性的"礼"治渗入帝国的治理当中，使得皇权能够在较长的时间内得以延续。进入隋、唐、宋，中国传统制度形态进一步加强和完善，特别是唐代前期，中国传统制度进入黄金时代，呈现出中国历史上较为突出的盛世景象。"科举制"这一中国古代独特的选官制度的形成是这一时期显著的特点，在此之前，中国传统社会曾采用世官制、军功爵制、察举制、九品中正制等选官制度，但"科举制"一经形成便成为最主要的选官制度，后来曾被西方借鉴并改造为现代文官制。元作为中国历史上第一个统治全国的少数民族政权，在继承汉王朝制度的同时，为加强对地方的行政控制建立了行省制度，设立的行省日后成为中国地方的一级行政机构。到了明清时期，中国封建社会步入暮年，但是皇权专制制度达到了顶峰。明朝废除宰相制、设立内阁制，清沿袭明，不设丞相而设内阁大学士，在雍正时期又设立军机处，通过一系列的制度调整强化了皇权专制。

中国传统制度是围绕保障和维护皇权而设计的一整套制度体系，其中独特的官僚制度和基于乡绅、宗族的基层治理制度是其基本的制度形式。秦统一中国后，在中央建立以"三公九卿"为主体的官僚体制，在地方直接派官员进驻郡县；汉代进一步完善了秦创立的官僚体制，形成了中朝官尚书组织；隋朝在中央建立了"三省六部"的官僚体制，唐宋使之进一步完善，并逐步确立起比较完善的监察制度、分权制度和选官制度；元明清继续根据统治者的需要调整和完善。为了维护高度的中央集权，中国传统社会构建起一套庞大、规范的官僚体系，形成了一个特殊的利益集团——官僚集团。封建官僚既是皇帝的御用人员，又是国家机器和政府的工作人员，既要效忠皇帝，为皇帝的利益负责，又是天下百姓的父母官，要为百姓负责，同时，他们又有自身特殊的利益需求。这样一个官僚集团在中国传统制度中发挥着举足轻重的作用，以致历朝历代的皇帝都非常重视对他们的驾驭之术，大多数时候不得不容忍"有限的贪污"，以使其保持效忠的动力，使社会达到一种均衡状态。传统社会的官僚集团本质上代表的是封建地主阶级的利益，他们基于利益对中国传统制度形态的维护成为近代以后中国进行制度变革的巨大阻力。而这种官僚体制并没有延伸到基层，而是通过乡绅、宗族等组织和势力来进行基层治理。这种治理方式主要通过道德、习俗以及在实践中总结出的经验落实，一般不依赖正式的法律制度。这一治理方式与专制皇权及其官僚体制实现了有机结合，这样的传统制度框架加上儒学主导的意识形态，构成了我国封建社会的"超稳定系统"，并具备了一种调节机制，即通过"周期性振荡"的方式来获得再平衡。①

---

① 陈锦华. 中国模式与中国制度 [M]. 北京：人民出版社，2012：92.

二、中国传统制度的得失

在历史上，中国传统制度对于绚丽灿烂的中华物质文明和精神文明的形成发挥了重要作用，使中国在相当长的时期内领先于世界上其他国家和地区，甚至成为西方人所羡慕的社会制度。"在中国，专制君主不持偏见，一年一度举行亲耕礼，以奖掖有用之术；一切官职均经科举获得；只把哲学作为宗教，把文人奉为贵族。看到这样的国家，他们叹为观止，心驰神往。"① 然而，这一制度形态最终未能孕育出超越自身的现代化制度形态，制度的优势最终转化为劣势，被西方制度文明所超越。

本书认为中国传统制度的得失应从以下三方面来把握：一是中国传统制度围绕皇权至上而立，具有高度的政治统一性。在"欧亚大陆其他文明中存在的教士与俗人之间、教会与国家之间的巨大分裂，在中国并不存在"②。在中国不仅世俗皇权远远高于宗教、神权，而且其他一切制度设计都围绕政治制度进行，经济、文化都成为政治的附庸。例如，为维护皇权而选贤任能的"科举制"就将古代的知识精英牢牢束缚在功名利禄上，这在客观上促进了社会阶层的流动，在古代来说具有很大

① 托克维尔. 旧制度与大革命［M］. 冯棠，译. 北京：商务印书馆，2014：203.
② 斯塔夫里阿诺斯. 全球通史：从史前史到 21 世纪：上册［M］. 董书慧，王昶，徐正源，译. 北京：北京大学出版社，2005：155.

的进步意义，但也造成了知识精英对于科技和商业方面的疏忽。为维护官僚地主阶级利益而长期采用重农抑商的政策和体制，也使得较早就在中国出现的商业一直没能成为现代化的助力。

二是中国传统制度具有高度保守和自我修复的特点。它建立在小农经济的基础之上，与传统的农耕文明高度适应，维护皇权和大地主阶级的利益（他们本身就是这一制度设计的主体），与工业文明时代的现代化制度形态互不兼容，这一制度设计得越成熟完善，越容易自我强化而排斥新的制度因素。

三是中国传统制度成就了中国在农业文明时代的领先地位，也造就了中国古代"大一统"的多民族国家形态结构。尽管"旧制度"已消失，但它留下的制度文化还深深影响着后世。后人看待中国传统制度形态时要一分为二，"取其精华，去其糟粕"，既要深刻认识其维护皇族和官僚地主等少数人利益的目的性，摒弃这种"政道"，也要汲取这种制度在治理中国这样一个大国时采取积极合理的"治道"所得经验。历史无法隔断，中国传统制度的得失必将为中国制度现代化提供弥足珍贵的经验和教训，中国制度要实现现代化就必须吸收中国传统制度文明中的优秀成分。

第二节 近代中国在旧制度中的挣扎及对新制度的探索

当中国还在没有遇到任何挑战的传统制度的规制下循着农业文明原有的轨迹前行的时候，西方却在经历了中世纪的"黑暗"后率先觉醒，开启了向更高级的工业文明时代进军的步伐：以文艺复兴、宗教改革、启蒙运动等为代表的思想领域的变革，以航海革命、工业革命为代表的技术、经济领域的变革，以及以英国的光荣革命、法国大革命、美国的独立战争和南北战争为代表的政治领域的变革，最终使西方国家先后建立了代表新兴资产阶级利益、适应工业文明的民主政治制度，率先迈向了制度现代化的历程。中国一开始对西方发生的此种变化全然不知，依然延续着农业文明的"优势"，在 17-18 世纪还出现了"康乾盛世"，甚至在 1820 年时中国的 GDP 曾占世界的 1/3,[①] 是当时世界的第一大经济体。直到 1840 年鸦片战争爆发，西方的坚船利炮硬生生地将中国的历史拖入近代。自此，为了救亡图存和民族复兴，不同的阶级力量、先进知识分子、仁人志士展开了自救、抗争、改良、革命等运动，这其中也包括尝试建立理想的社会制度的探索。

---

① 张维迎. 把脉未来中国经济增长 [EB/OL]. 南方周末，2009-12-02.

一、以器物层面的改革来维护旧制度

"鸦片没有起催眠作用，反而起了惊醒作用。"① 两次鸦片战争的失败使中国人从"天朝上国"的美梦中惊醒，意识到必须"睁眼看世界""图变以自强"。一些先进的知识分子甚至较早地意识到了制度问题，如 1848 年徐继畬编写的《瀛寰志略》就比较详细地介绍了西方的民主制度，并重点介绍了美国的民主制度。但是掌权的官僚地主阶级并不想改变既有的社会秩序，他们高举"师夷长技以制夷"和"中学为体，西学为用"的大旗，兴起了洋务运动，试图从器物层面的改革入手来实现自救。

洋务运动实际上是一种被逼无奈的被动的改革，它不是要触动旧的封建制度和意识形态，相反是要稳固旧的秩序。尽管这一中国历史上首次大规模、开放性地向西方学习的变革尝试在客观上也起到了一定的进步作用，奠定了近代中国的工业基础，为中国进入近代准备了基本的物质条件，使中国民族资本主义在一定程度上获得了发生和发展的条件。但是，这并没有形成有利于民族资产阶级发展的良好环境，也没有实现这场运动发起者和推动者的既定目标。很快，1894 年的中日甲午战争

---

① 马克思，恩格斯. 马克思恩格斯论中国 ［M］. 中共中央马克思恩格斯列宁斯大林著作编译局，译. 北京：人民出版社，2015：122.

检验了"洋务运动"的失败。讽刺的是，日本在制度层面实施的明治维新和洋务运动差不多是同一时期开始的，但日本改革的成效显著。残酷的战争再一次证明，不进行制度变革而单靠器物层面的学习和模仿是不可能从根本上改变中国的落后面貌的，图"变"不仅要图军事、技术、产业、经济之变，更要图政治、制度之变。洋务运动的失败证明，如果不顺应时代潮流抓紧时机进行制度变革，试图通过器物层面的改革来维护旧制度，其结果最终只能是制度的解体。诚如马克思所言："英国的大炮破坏了皇帝的权威，迫使天朝帝国与地上的世界接触。与外界完全隔绝曾是保存旧中国的首要条件，而当这种隔绝状态通过英国而为暴力所打破的时候，接踵而来的必然是解体的过程，正如小心保存在密闭棺材里的木乃伊一接触新鲜空气便必然要解体一样。"①

二、无法根本触动旧制度的农民抗争

中国作为一个在农业文明时代长期处于优势地位的农业大国，农民占据人口的大多数，农民问题始终是历朝历代社会发展中的关键性问题，这一问题也一直延续到当代。小农经济下受缚于土地的农民有自身的局限性，无法承担起制度变革的任务，然而一旦旧制度的压迫超出他们忍受的程度，他们就会揭

---

① 中共中央马克思恩格斯列宁斯大林著作编译局．马克思恩格斯文集：第2卷[M]．北京：人民出版社，2009：609．

竿而起，本能地进行抗争。

1851 年，洪秀全领导的太平天国运动达到了旧式农民起义的最高峰，在客观上加速了清王朝的灭亡，然而太平天国提出的"完整"的制度和纲领对于旧制度的冲击并没有多少意义。太平天国运动和以往的农民革命相比，本质上并没有太大的区别，他们无法超越封建主义的旧制度，因为"反封建的人没有办法洗净自己身上的封建东西。因此，他们悲壮的事业中又有着一种历史的悲哀"①。定都天京后，洪秀全于 1853 年颁布《天朝田亩制度》，试图建立一个平分土地、财产公有、生活资料平均供给的理想社会，但是这个看似闪耀着平等的思想光芒、体现历代农民革命最高理想的制度设想，是多次科举失意的洪秀全"天下一家"思想的体现，实则是要建立以宗法家长制为核心的"天父大家庭"。农民即使能够摆脱封建地主的奴役也会再度陷入家长制的控制，只是换了一种形式又回到原点。而且这一制度完全否定商品经济，将小生产方式理想化，不利于生产力的进一步发展，从根本上看是逆历史潮流的。太平天国后期洪仁玕撰写了未来得及付诸实施的《资政新篇》，提出向西方学习，进行资本主义性质的改革以巩固农民政权，这一设想有一定的进步性，但若将它认作"近代中国先进人士最

---

① 陈旭麓. 近代中国社会的新陈代谢［M］. 上海：上海社会科学院出版社，2006：89.

早提出的发展资本主义的近代化纲领"，多少有些言过其实。①

三、以"变法维新"来尝试制度改良

甲午战争失败后，西方加速了对中国的殖民化进程。面对亡国灭种的危机，以康有为、梁启超、谭嗣同等为代表的资产阶级改良派在光绪皇帝的支持下，试图通过自上而下的"变法"来引进西方式的君主立宪制度。1898 年，光绪皇帝颁布"明定国是"诏书，宣布变法正式开始，先后颁发了一系列改革法令，准备除旧布新，但是这些改革措施"始终都是一纸空谈，因为皇太后一直维护旧秩序"。② 这场旨在不触动封建统治基础的前提下进行的制度改良运动没能得到根深蒂固的封建地主阶级的认同，没有兼顾到既得利益者，也没有形成广泛的社会基础，只是寄希望于一个没有实权的皇帝。在清廷顽固派的阻挠、抵抗和反扑下，仅仅持续百日的"维新变法"最终以康梁出逃、光绪被囚、"戊戌六君子"被杀而告终。但是，这场以血的代价被载入史册的运动是中国近代以来一次重要的制度变革尝试，也是一次影响比较大的思想启蒙运动，它使更多的人越来越深刻地认识到清廷的反动和旧制度的缺陷。而更为

---

① 秦刚. 中国特色社会主义道路研究［M］. 北京：中共中央党校出版社，2017：17.
② 斯塔夫里阿诺斯. 全球通史：从史前史到 21 世纪：下册［M］. 董书慧，王昶，徐正源，译. 北京：北京大学出版社，2005：582.

深刻的启示是，通过资产阶级改良的方式试图引进西方先进制度的道路是走不通的。没过多久，在八国联军侵略、义和团运动以及资产阶级革命派兴起的内外交困的背景下，包括慈禧在内的清廷腐朽势力终于认识到再不进行制度变革将难以维系政权，于1901年颁布《变法上谕》启动了新政改革。清末新政不仅在政治层面推行君主立宪制，而且力图在经济、法制、商业、教育、军事等各方面推行一系列系统性改革，但是这种不情愿的迟来的改革已经错过了最佳时机。终究，制度改良在近代的中国已无可能。

四、以革命建立"民主共和"制度的尝试

以封建地主阶级为主体发起的"洋务运动"旨在维护旧制度，却间接证明了制度变革的必要性；以农民阶级为主体发起的"太平天国"企图借助神权建立一个"天下一家、共享太平"的新制度，但其实质还是在旧制度中徘徊；资产阶级改良派试图通过不流血的方式推行西方式的君主立宪制，却以流血的方式告终，腐朽的清廷不情愿地主动推行"新政"，但为时已晚。于是，资产阶级革命派登上历史舞台，尝试建立西方制度现代化的另一种模式——民主共和制。1911年10月，一场由湖北革命党人发动的似乎准备并不充分的武昌起义却席卷全国大部分省份，苟延残喘的大清帝国政权瞬间崩溃，自秦以来，延续了2132年的中国传统封建帝制的历史宣告结束。

1912年1月，孙中山建立"中华民国"，并于同年3月颁布了根本大法，即中华民国的《临时约法》。这就标志着在中国的传统制度形态被民族资产阶级以法的形式彻底废除，而从西方学习引进的民主共和制度被确认为新的制度形态。但是，一方面，由于辛亥革命是一次不彻底的革命，所以它没有改变旧中国半殖民地半封建社会的性质，没能彻底根除封建主义的根基；另一方面，中国民族资产阶级旨在建立的政体、制度同样是照搬自西方，他们以为可以把从国外特别是从美国学习、了解到的制度形态移植到中国土壤上，但结果正如斯塔夫里阿诺斯所言，他们所建立的制度"自然对中国人民毫无意义，很快就在中国的政治现实面前土崩瓦解"[①]。因此，这样一次彻底改变中国历史的制度革命虽然推翻了旧制度，却没有能力建立起新制度，反而使近代中国陷入了秩序混乱的局面。至此，制度要不要改的问题已经被惨痛的教训所证明，而制度如何改、改成什么样的问题依然没有得到解决，历史需要有新的力量发动一场新的社会革命来推进。

---

① 斯塔夫里阿诺斯. 全球通史：从史前史到21世纪：下册 [M]. 董书慧，王昶，徐正源，译. 北京：北京大学出版社，2005：584.

第三节　新民主主义革命时期中国共产党的制度探索

辛亥革命推翻了旧制度，但是未能成功地建立起行之有效的新制度，不仅没有改变中国半殖民地半封建社会的状况，反而使社会陷入了混乱和无序。历史证明，资产阶级领导的旧民主主义革命没有彻底扫除帝国主义和封建主义的障碍，也无法承担起建立一个现代化制度形态的民主国家的任务。俄国十月革命的成功使马克思主义传入中国，中国的民族独立问题和制度现代化问题终于有了科学的、先进的指导思想。在先进思想影响下成立的中国共产党带领广大人民群众承担起实现民族独立和人民解放的历史任务，开始了新民主主义革命的历程。这一历程的实质就是通过新民主主义革命推翻压迫中国人民的"三座大山"，然后朝着社会主义方向迈进，最终建立一个社会主义制度形态的现代化国家。在这个时期，中国共产党已经开始了指向社会主义新制度的探索，这些探索紧紧围绕制度的根本性问题展开，涉及国家政权制度、政权组织形式制度、政党制度、民族制度、基本经济制度等方面，按照时间维度，大致分为土地革命战争时期、抗日战争时期、解放战争时期三个阶段。新民主主义时期的制度探索为中国特色社会主义制度形态的形成奠定了基础，留下了宝贵的制度遗产。

一、土地革命战争时期的初步探索

中国共产党最早在党的二大时开始对构建一个新的制度形态进行系统思考，不仅提出"要组织无产阶级，用阶级斗争的手段，建立劳农专政的政治，铲除私有财产制度，渐次达到一个共产主义的社会"①。并在奋斗目标中提出一些制度构想，比如，"蒙古、西藏、回疆三部实行自治，成为民主自治邦""用自由联邦制，统一中国本部、蒙古、西藏、回疆，建立中华联邦共和国"② 等。但这些制度构想带有严重的教条主义和苏联色彩，非常不成熟。

在经济上，《井冈山土地法》规定，没收一切土地归苏维埃政府所有，尽管带有苏联色彩，但这一制度彻底改变了几千年的封建土地关系，为以后的革命斗争提供了宝贵的经验。1930 年，中共中央政治局在《关于苏维埃区域目前工作计划》中指出实行土地国有是改造农业、解放农民的前提条件和技术基础，只有土地国有且将其真正落到实处，而不是把消灭小农经济当作口号，才有利于进行国有农场、集体农场的建设。③

---

① 中共中央党史和文献研究院，中央档案馆．中国共产党重要文献汇编：第二卷：一九二二年 [M]．北京：人民出版社，2022：228．
② 中共中央党史和文献研究院，中央档案馆．中国共产党重要文献汇编：第二卷：一九二二年 [M]．北京：人民出版社，2022：228．
③ 阎树群，张艳娥．中共民主革命时期制度建设的内在逻辑与现实启示 [J]．陕西师范大学学报（哲学社会科学版），2015，44（2）：135-142．

在政治上，1931年，中华苏维埃共和国临时中央政府在江西瑞金成立，并颁布了《中华苏维埃共和国宪法大纲》等一系列法令，开始了建立全国性的新政权的制度探索。从"苏维埃"的政权名称到政权的组织制度上都模仿苏联制度形态。在组织制度方面，中央层面设立全国苏维埃代表大会、中央执行委员会、中央执委会主席团和人民委员会四个层次，在中央执行委员会闭会期间，其主席团为最高权力机关，人民委员会负责处理全国政务，是中央执行委员会的行政机关；在地方层面设立地方代表大会、执行委员会和主席团三个层次。在选举制度方面，这一时期已经做了许多非常有益的探索和实践。比如，中华苏维埃执委会制定、颁布了《中华苏维埃共和国的选举细则》《苏维埃暂行选举法》等法令，剥夺有产阶级的选举权，给予无产阶级在代表名额等方面的选举特权。

在党政关系上，苏维埃政权是中国共产党领导下的政权机关。此外，在国家形式及民族制度上，这一时期一直沿用党的二大的制度构想，学习苏联实行"联邦制"，在中国建立"中国苏维埃联邦"①。中华苏维埃共和国实质上试图建立一个工农民主专政政权性质的、民主集中制政权形式的、实行一党制的、联邦制的、苏联式的制度形态。

---

① 中共中央党史和文献研究院，中央档案馆.建党以来重要文献选编：一九二一——一九四九［M］.北京：中央文献出版社，2011：652.

二、抗日战争时期的深入探索

抗日战争时期，中国共产党在苏维埃制度实践探索的基础上根据不断变化的局势不断调整制度构建方案，进行了较为深入的制度探索。这一时期比较突出的特点是中国共产党在局部执政的条件下，在实践中尝试了议会制、参议制、"三三制"等制度形态，在理论上首次提出了比较系统的构建新的国家制度形态的构想。1935 年华北事变后，中日民族矛盾进一步上升到主导方面，中共中央政治局在瓦窑堡召开会议，确立了抗日民族统一战线的正确方针。1937 年将工农政府改为中华民国特区政府，决定接受南京国民政府的指导，并通过了《陕甘宁边区会议及行政组织纲要》，准备在全国范围内实行最有利于抗日的民主制度，同时还通过了《陕甘宁边区选举条例》，确立了普遍直接的民主选举制度，举行了第一次乡、县、区普选运动，成立了议会政府，尝试议会制的民主制度形态。之后按照国共第二次合作达成的协议及 1938 年国民政府颁布的《省临时参议会组织条例》，将陕甘宁边区议会改为陕甘宁边区参议会。在边区参议会的最初实践中，党外人士参与较少，政府委员和参议院中绝大多数是共产党员。

为了更好地争取中间势力、发挥统一战线的作用，1940年，毛泽东提出了"三三制"的制度政策，限制共产党员在政府委员和参议院选举中的人数，后来陕甘宁边区中央局将"三三制"原则写入《陕甘宁边区施政纲领》。"三三制"是一次大胆的尝试，利于团结党外人士，推进了政治协商工作方式的出现，但在当时的条件下这种制度设计不利于形成集中、高效的决策，不符合革命时期的现实要求，而且对党的领导提出了挑战。这也是我们党在可控条件下对政治制度设计中比较敏感的政党关系、领导关系、协商关系等进行探索的最初尝试，为后来在党和国家各项事业中加强党的领导积累了经验。后来在总结经验的基础上，中共中央通过了"九一决定"，并召开高干会议重新确定了党的一元化领导，重申民主集中制的制度原则。但实践证明，这些制度形态都不符合中国实际。在实践中根据局势变化尝试议会制和参议制的同时，中国共产党在理论上也对新民主主义社会的制度形态进行了构想。毛泽东1940年在《新民主主义论》中系统阐述了这一制度构想："在这个新社会和新国家中，不但有新政治、新经济，而且有新文化。"[1] 他还提出在政治上要实行各革命阶级联合专政、民主集中制[2]；在经济上实行"节制资本""平均地权"，绝不能是"少数人所得而私"，绝不能让少数资本家少数地主"操纵国民生计"，绝不能建立欧美式的资本主义社会，也绝不能还是旧的半封建社会[3]；在文化上实行"无产阶级领导的人民大众

---

① 毛泽东选集：第二卷 [M]. 北京：人民出版社，1991：663.
② 毛泽东选集：第二卷 [M]. 北京：人民出版社，1991：677.
③ 毛泽东选集：第二卷 [M]. 北京：人民出版社，1991：678-679.

的反帝反封建的文化"①。在民族制度方面，这一时期中国共产党扬弃了党的二大关于民族问题的纲领，将马克思主义民族自治理论中国化，开始了民族区域自治的最初探索。1937年设立了少数民族工作委员会，1941年提出建立蒙古族、回族民族自治区的设想。

三、解放战争时期到中华人民共和国成立前的进一步发展

土地革命战争时期和抗日战争时期的制度实践积累了丰富的经验。进入解放战争时期，中国共产党的制度理念和制度实践进一步发展，为新中国的成立以及新的制度形态框架的确立奠定了基础，并为向社会主义制度形态的过渡提供了制度保障。随着形势的变化，参议会制度形态即"三三制"制度原则逐渐被人民代表会议制度形态所取代，1945年，陕甘宁边区政府选举委员会明确提出："为使乡（市）政权真正地实行议行合一制，议员直接由人民选举，直接向人民负责，现在边区参议会常驻会和边区政府决定改乡参议会为乡人民代表会制。"②1948年，华北临时人民代表会议召开，这次会议在选举规则、党派构成、代表类型以及代议机构的运行机制上形成了一套制度规范，为后来其他各区人民代表会议的召开提供了样板。这

---

① 毛泽东选集：第二卷［M］. 北京：人民出版社，1991：698.
② 韩大梅. 新民主主义宪政研究［M］. 北京：人民出版社，2005：200.

一时期,中国政党协商制度取得重大进展。各民主党派在调解由国民党反动派挑起的内战的努力失败后开始接受、靠近中国共产党并接受其政治主张。1948 年,中共中央发布《纪念"五一"节口号》,号召各民主党派、人民团体、社会贤达迅速召开政治协商会议,成立民主联合政府,这标志着我国新型政党制度构建的开始。随后,经过多次反复的协商,中国共产党与各民主党派达成了《关于召开新的政治协商会议诸问题的协议》,准备以新的政治协商会议的形式筹备中华人民共和国成立的事宜。1949 年 1 月,李济深等 55 人发表《对时局的意见》,表示愿在中国共产党的领导下,追求独立、自由、和平、幸福的新中国之早日实现,这标志着中国共产党与各民主党派的关系转向了领导与被领导的关系,为新中国成立后中国特色的新型政党制度形态的形成打下了基础。民族区域自治制度在这一时期也实现了进一步发展,1947 年我国第一个省级自治区——内蒙古自治区成立,为中华人民共和国成立后我们实行单一制下的民族区域自治制度进行了最初的试验。在对经济制度形态的认识上,1947 年,毛泽东在《目前形势和我们的任务》中提出了三大经济纲领并明确指出新中国的经济构成,即作为领导成分的国有经济、由个体逐步地向着集体方向发展的农业经济、独立小工商业者的经济和中小私人资本经济等构成全部的国民经济。① 随着形势的逐渐向好，国有经济的社会主义性质和主导地位被更加有意识地强调，这为中华人民共和国成立后进行社会主义改造进而建立纯粹的公有制形态和实行计划经济体制埋下了伏笔。

到了中华人民共和国成立前夕，中国共产党提出了一套建立新国家和新制度形态的构想，后来通过全国政协第一届全体会议制定的《中国人民政治协商会议共同纲领》（简称《共同纲领》）确定下来。这些构想和制度形态设计既是新民主主义的，同时也是指向社会主义的。

首先，在决定国家性质的国家政权制度及其组织形式方面，提出了人民民主专政的"国体"和与之相配套的人民代表大会制的"政体"。1948 年，毛泽东在中央政治局会议上明确指出革命胜利后要"建立无产阶级领导的以工农联盟为基础的人民民主专政"，并强调"我们政权的阶级性是这样：无产阶级领导的，以工农联盟为基础，但不是仅仅工农，还有资产阶级民主分子参加的人民民主专政"。② 在 1949 年 3 月召开的中共七届二中全会上，毛泽东指出资产阶级议会制不适合我国，"资产阶级共和国的国会制度在人民中已经臭了，我们不采用

---

① 毛泽东选集：第四卷 [M]. 北京：人民出版社，1991：1255–1256.
② 中共中央文献研究室. 毛泽东文集：第五卷 [M]. 北京：人民出版社，1996：135.

它，而采用社会主义国家的政权制度"①。苏联的苏维埃制度适合我们，但与我们的政治在内容上是有区别的，我们"是以工农联盟为基础的人民苏维埃"②。随后《共同纲领》明确规定了我国的国体和政体。

其次，在建立符合实际的政党制度形态和民族制度形态方面，构想日益成熟。毛泽东一方面强调尽可能地团结城市小资产阶级和民族资产阶级的代表人物，以及他们的知识分子和政治派别；另一方面强调"国家政权的领导权是在中国共产党的手里的，这是确定不移的，丝毫不能动摇的"③。《共同纲领》以临时宪法的形式指出："中国人民民主专政是中国工人阶级、农民阶级、小资产阶级、民族资产阶级及其他爱国民主分子的人民民主统一战线的政权，而以工农联盟为基础，以工人阶级为领导。"④ 这样就从法律上确认了作为工人阶级先锋队的共产党的领导地位。在民族事务领域，《共同纲领》规定："各少数民族聚居的地区，应实行民族的区域自治，按照民族聚居

---

① 中共中央文献研究室. 毛泽东文集：第五卷［M］. 北京：人民出版社，1996：265.
② 中共中央文献研究室. 毛泽东文集：第五卷［M］. 北京：人民出版社，1996：265.
③ 师哲，李海文. 在历史巨人身边：师哲回忆录［M］. 北京：中央文献出版社，1995：377.
④ 中共中央文献研究室. 建国以来重要文献选编：第一册［M］. 北京：中央文献出版社，1992：1.

的人口多少和区域大小，分别建立各种民族自治机关。"①

最后，在经济制度形态上，毛泽东在中共七届二中全会的报告中进一步对新的经济构成成分做了说明，认为社会主义性质的国有经济、半社会主义性质的合作社经济、个体经济、公私合作的国家资本主义经济、私人资本主义经济共同构成了新民主主义的经济形态。

第四节　中国特色社会主义基本制度形态的确立

经过革命时期的艰辛探索，我们党积累了丰富的经验，形成了比较成熟的中华人民共和国成立方案，在制度形态方面也形成了一套符合国情的制度设计方案。中华人民共和国成立前夕制定的《共同纲领》将这一套制度设计以临时宪法的形式确定下来，形成了制度构建的法律依据。新中国的成立标志着人民民主专政的国家政权制度在事实上的确立，这一政权制度的性质从根本上说是社会主义的，因为新中国的政权是无产阶级领导下的广大劳苦大众通过革命而取得的政权，是多数人的政权。这样的政权要得到巩固并保证其政权性质不变质，就必须尽快建立与之相适应的社会主义性质的根本制度与基本制度，

---

① 中共中央文献研究室. 建国以来重要文献选编：第一册［M］. 北京：中央文献出版社，1992：12.

这就决定了其向社会主义制度形态过渡的历史必然性。这样一来，中国共产党就带领广大人民群众真正开启了中国制度现代化的伟大征程，这一伟大征程即社会主义制度形态在中国的具体化过程，是一个需要结合中国国情和实际进一步探索的历程。

一、社会主义性质的政治制度形态的确立

新中国成立后，由于各方面的条件还不具备，难以进行全面的普选，只能采用过渡的形式，由中国人民政治协商会议和地方各界人民代表会议代行人民代表大会的职权，通过民主选举的方式产生各级政府。随着条件的日益成熟，1952年年底至1953年年初，开始讨论、筹备人民代表大会制度的正式实施。1953年3月，《中华人民共和国全国人民代表大会及地方各级人民代表大会选举法》颁布实施，各地开始了选举的具体试点和操作。在此期间，毛泽东主持起草且完成了《中华人民共和国宪法（草案）》，此法案通过了中央人民政府委员会的审议。在一系列的准备工作之后，第一届全国人民代表大会第一次会议于1954年9月15日至28日在北京召开。大会审议通过了《中华人民共和国宪法》（1954）（时称"五四宪法"），制定了《中华人民共和国全国人民代表大会组织法》等法律制度。

第一届全国人民代表大会的召开，标志着我国社会主义根

本政治制度——人民代表大会制度的正式确立，同时也以宪法的形式正式确认了人民民主专政的国家政权制度。"五四宪法"第一条明确规定："中华人民共和国是工人阶级领导的、以工农联盟为基础的人民民主国家。"第二条规定："中华人民共和国的一切权力属于人民。人民行使权力的机关是全国人民代表大会和地方各级人民代表大会。"① 至此，一个无产阶级领导的多数人的政权制度——人民民主专政的"国体"和与之相适应的政权组织制度——人民代表大会的"政体"正式以国家根本大法的形式予以确认，社会主义性质的政权制度和根本政治制度形成，我国制度形态中最根本的制度框架搭建起来了。在政党制度形态上，1949 年 9 月，第一届全国政协会议的召开及《共同纲领》的制定，已经标志着中国特色的政党制度形态的正式形成。随后，"五四宪法"对中国特色的新型政党关系做了明确规定："我国人民在建立中华人民共和国的伟大斗争中已经结成以中国共产党为领导的各民主阶级、各民主党派、各人民团体的广泛的人民民主统一战线。"② 1954 年 12 月，第二届全国政协第一次会议在京召开，政协的性质和任务进一步明确，会议通过了《中国人民政治协商会议章程》。后来，毛泽东在《论十大关系》中提出了"长期共存，互相监督"的八

① 中共中央文献研究室. 建国以来重要文献选编：第五册［M］. 北京：中央文献出版社，1993：522.
② 中华人民共和国宪法：一九五四年九月二十日第一届全国人民代表大会第一次会议通过［M］. 北京：人民出版社，1954：2.

字方针，明确了共产党与各民主党派未来的发展方向，进一步确定了中国特色政党制度的基本格局。在民族制度上，在《共同纲领》基本确定的民族区域自治制度的基础上，一方面在实践中积极推进少数民族聚居区域的民族自治，另一方面积极制定相关的配套法规。1952 年 2 月，政务院通过了《中华人民共和国民族区域自治实施纲要》，同年 8 月中央人民政府委员会第十八次会议批准实施。该纲要对民族区域自治的性质和地位、自治区和自治机关的建立原则、上级人民政府的领导原则、自治区内的民族关系以及自治机关的自治权力等方面均做了明确的规定。此后，"五四宪法"进一步对民族区域自治制度进行了细化。同时，在这个时期少数民族地区的民主改革分步骤、分类型有序展开，广大少数民族地区的政治、经济、文化制度逐步转变为社会主义性质，为民族区域自治制度的顺利实施扫清了障碍。在基层民主自治制度方面，中华人民共和国成立后首先在居民委员会和工会制度建设中进行了初步实践。天津市于 1953 年最早建立了居民委员会，同年武汉在武昌和汉口部分地区也建立了居民代表委员会和居民小组。1954 年12 月，一届全国人大常委会第四次会议通过了《城市居民委员会组织条例》，从法律上确定了居民委员会是群众自治性的居民组织，规定了居民委员会的五项重点任务，同时对居委会的组织机构设置和干部任期也做了详细规定。

二、经济领域的社会主义改造及社会主义基本制度形态的确立

生产力与生产关系、经济基础与上层建筑之间相互作用，表现为社会的基本矛盾，推动社会的发展，这是历史唯物主义的一条基本原理。而历史唯物主义既是唯物的也是辩证的，实际上是一种辩证唯物史观。它既尊重既定的现实及其规律，又具有非常鲜明的革命性和批判性，既要求真实地、客观地"认识世界"，又指向主观地、能动地"改造世界"。社会主义性质的政治制度形态在中国的确立，是由当时世界和中国的历史条件所决定的，是尊重既定历史规律的结果。而且，只有中国无产阶级通过革命取得政权，建立起社会主义性质的人民民主专政的政权制度和相应的政治制度形态，才可能为新的经济制度形态的构建和经济基础的变革开辟道路。"当然，生产关系的革命，是生产力的一定发展所引起的。但是，生产力的发展，总是在生产关系改变以后……在英国，是资产阶级革命（17 世纪）以后，才进行工业革命（18 世纪末到 19 世纪初）。法国、德国、美国、日本，都是经过不同的形式，改变了上层建筑、生产关系之后，资本主义工业才大大发展起来。"[①]

可见，先建立起社会主义性质的政治制度形态，然后在经济领域进行社会主义改造继而建立社会主义经济制度形态，是

---

① 中共中央文献研究室．毛泽东文集：第八卷［M］．北京：人民出版社，1999：132.

历史发展的一般规律，同时也是我国制度形态构建的必然路径。根据辩证唯物史观，社会形态是经济基础和上层建筑的统一体，政治制度形态规定政权掌握在谁手里，而经济制度形态决定生产资料掌握在谁手里。如果通过革命建立的上层建筑不及时改造旧的经济基础和经济制度，那么时间一长旧的经济基础就会发挥其"决定性作用"，新生的革命政权、新确立的上层建筑及政治制度形态也就得不到巩固，最后的结果很可能是旧制度的复辟。归根结底，政治制度形态的确立只是整个制度形态构建的开始，经济制度形态的确立才具有决定性意义，长远来看，经济制度形态的性质能决定整个社会制度形态的性质。

新民主主义制度形态在政权和政治制度形态方面是社会主义性质的，而在经济制度形态方面还是非社会主义性质或半社会主义性质的，这也就决定了这种制度形态的过渡性。但是如何实现这一过渡，在当时的历史条件下并没有过多的成功经验可以借鉴，苏联式的单一的纯公有制形态就成为我们的选择。1953 年，中国共产党正式提出了过渡时期的总路线，开始着手对经济关系的社会主义改造。根据过渡时期的总路线，要完成两项基本任务，一是逐步实现国家的工业化，二是尽快展开社会主义改造，逐步完成对农业、手工业和资本主义工商业的改造，其实质就是要逐步建立起生产资料公有制性质的经济制度形态，形成我国制度形态的经济基础。在实践中，农业的社会主义改造运动实际上从 1951 年首次召开的农业互助合作会议就开始了，1953 年通过的《关于发展农业生产合作社的决议》使农业合作化运动得到了进一步的大发展。在对手工业的社会主义改造过程中，采取"积极领导，稳步前进"的方针，从供销合作入手发展到生产合作，到 1955 年上半年全国手工业社（组）发展到 4.98 万个，社（组）员达到 143.9 万人，[①] 手工业的改造取得了显著的成效。对资本主义工商业的社会主义改造，通过和平赎买，采取国家资本主义的形式进行——一种是以加工订货为主的初级和中级的形式，另外一种是公私合营的高级形式。1955 年夏到 1956 年，我国加快了社会主义改造的步伐，在较短时间内实现了所有制制度形态的深刻变革。1956 年国民收入中，国营经济占 32.2%，合作社经济占 53.4%，[②] 社会主义改造完成，生产资料公有制全面确立。随着社会主义公有制的形成，我国社会主义性质的经济制度形态得以确立，这是当时历史发展的必然选择，但是改造后形成的高度集中的指令性经济体制也成为后来制度改革的对象。社会主义性质的经济制度形态的确立，标志着我国社会主义基本制度形态的全面确立。

---

① 黄一兵. 中国特色社会主义制度［M］. 广州：广东教育出版社，2014：42.
② 肖贵清. 中国特色社会主义制度基本问题研究［M］. 北京：人民出版社，2013：27.

三、探索符合国情的社会主义制度形态的开始

社会主义基本制度形态确立后，我国面临着进一步的完善和发展具体制度的实践问题，而学习苏联经验建立起的高度集中的经济政治体制在实践中日益暴露出其局限性。随着苏联共产党第二十次代表大会的召开以及对斯大林的全盘否定，毛泽东等党和国家领导人更加意识到要以苏联的经验教训为鉴戒，进行马克思主义基本原理同中国实际的第二次结合。以《论十大关系》和《关于正确处理人民内部矛盾的问题》的发表为标志，毛泽东和中国共产党对于探索符合国情的社会主义制度形态有了更加深刻的认识。党的八大确立的一系列方针政策和制度原则，以及随后的制度创新实践，取得了不错的成果，开启了符合中国实际的制度改革探索。但是，由于各方面的原因，我国社会主义建设和制度改革探索遭遇了严重的曲折，正反两方面的经验和教训成为中国特色社会主义制度形态形成的宝贵财富。

毛泽东创立的社会主义基本矛盾论为我国制度形态的改革发展提供了哲学依据，他提出的以苏为鉴、走自己的路的思想为探索符合国情的社会主义制度形态提供了方法论原则。党的八大通过的《关于政治报告的决议》明确阐述了我国社会主要矛盾的变化，并在经济、政治、文化等方面做出一系列的调整、改革和规划。在经济方面，陈云在会上提出了著名的"三

个主体、三个补充"① 的思想，从生产组织、经营形式、市场构成等方面做了分析。"三个主体、三个补充"的思想旨在从理论上突破苏联式的单一公有制形态和高度集中的计划经济体制。在政治方面，刘少奇在政治报告中提出进一步扩大民主生活，开展反对官僚主义的斗争;② 邓小平在修改党章的报告中提出必须健全党和国家的民主生活，要求切实贯彻执行民主集中制原则。③ 在文化方面，在健全集体领导制度的同时，党的八大还积极探索了党代表常任制，强调了人民代表的视察制度、检查制度，阐述了毛泽东提出的"长期共存、互相监督"的政党方针，重申"百花齐放、百家争鸣"的文化方针，并将加强法制作为我国制度构建的重要环节来认识和部署。在党的八大确立的方针政策的指引下，符合中国国情的制度改革探索在经济领域和国家行政体制改革等方面都取得一定的进展，如城市里允许一些个体手工业、小商店、小摊贩的经营，企业实行一定的自由选购和推销;在农村允许鱼塘、菜地、果园等一部分生产资料暂不入社，允许副业生产，增加自留地;社员家庭可以饲养一定量的大牲畜，开放农村自由市场等;一些地方

---

① 在工商业经营方面，国家经营和集体经营是工商业的主体，个体经营是补充;在生产的计划性方面，计划生产是工农业生产的主体，按照市场变化而在国家许可范围内的自由生产是补充;在社会主义统一的市场里，国家市场是主体，一定范围内国家领导的自由市场是补充。

② 中共中央文献研究室. 建国以来重要文献选编:第九册 [M]. 北京:中央文献出版社，1994:87.

③ 中共中央文献研究室. 建国以来重要文献选编:第九册 [M]. 北京:中央文献出版社，1994:130-143.

甚至还出现了包产到户的制度探索。中共八届三中全会通过了陈云起草的《关于改进工业管理体制的规定》等 3 个文件，给地方更多的自主权，进一步调动企业的积极性。从 1958 年开始，国务院机关进行了较大幅度的精简，撤销、合并了一些部门和机构，开启了行政管理体制改革的探索。

但是，"一九五七年后，'左'的思想开始抬头，逐渐占了上风"①。从反右派斗争开始，制度探索受到干扰，后来"文化大革命"开始后，我国制度建设遭遇了一段曲折的历程，留下了深刻的教训。惨痛教训再一次证明制度构建的重要性，如果不加快构建起一套成熟完善的制度形态，中国不可能实现近代以来所追求的民族复兴的伟大梦想。

综上，历史呼唤中国特色社会主义制度形态的到来。

---

① 邓小平. 邓小平文选：第三卷 [M]. 北京：人民出版社，1993：115.

第三章

中国特色社会主义制度形态的形成及内涵

　　"文化大革命"结束以后，国家亟待恢复各项制度来结束
混乱和无序的状况，在批判"四人帮"的种种罪行以及"文
化大革命"所造成的制度缺失与制度异化的过程中，社会秩序
及党和国家的各项运行制度开始逐渐恢复，特别是在邓小平复
出以后，首先从教育、科学、文化等领域展开了拨乱反正。
1978 年中共十一届三中全会后，我国进入改革开放新时期。这
一改革实质上是一场制度变革，也就是通过改革不适应经济社
会发展的制度、体制、机制来解决社会的基本矛盾，使我国制
度形态更加适应生产力的发展要求。改革开放实现了马克思主
义中国化的第二次飞跃，从局部到全面，从基本框架、基本制
度到具体体制机制，我国独特的制度形态在改革的伟大实践中
逐渐形成，其独特的样貌和轮廓日渐清晰。

第一节 中国特色社会主义制度形态的形成

历史和实践反复证明，只有顺应历史潮流又符合我国国情的制度构建才可能解决我国制度现代化的问题，而这样的制度构建无论是从理论认识还是具体实践来讲都有一个过程。中国特色社会主义制度形态的形成建立在历史经验、教训的基础上，建立在改革开放伟大实践的基础上，建立在我们党对制度构建不断发展的理性认识的基础上，是中国共产党带领广大人民群众艰苦奋斗、不断探索的过程。这一过程从 1978 年中共十一届三中全会开始，经历了初步探索、全面探索和初步形成、基本形成及正式确立三个时期。从 1978 年到 1992 年，是中国特色社会主义制度形态构建的初步探索时期；从 1992 年党的十四大召开至 2002 年党的十六大召开，是它的全面探索和初步形成时期；从党的十六大召开至 2012 年党的十八大召开，是它的基本形成及正确确立时期。未来，随着实践的进一步推进，我们党对制度构建的规律性认识将不断深化。

一、初步探索时期（1978—1992 年）

"文化大革命"结束后，中国在制度建设方面实际上面临着三项任务：一是尽快恢复党和国家各项保证基本运行的制度；二是坚持并尽快健全和完善中华人民共和国成立以来探索形成的一些行之有效的基本制度；三是推进制度改革，革除原有体制的弊端，尽快解放和发展生产力。经过一段时期的调整和恢复，党和国家各方面的组织机构能够正常运转，社会秩序逐渐回归正常。1978 年 2 月，第五届全国人民代表大会第一次会议的召开标志着中华人民共和国成立后确立的制度形态开始进入恢复和发展期。中共十一届三中全会后，我国进入了以改革为特点的制度探索时期，实事求是思想路线的回归、思想领域的解放与实践领域中的大胆探索和试验同时进行，取得了显著的成效，也推进了实践基础上的理论创新。人们逐渐突破了意识形态领域的巨大阻力，表现出很高的积极性和主动性，我国社会迸发出巨大的活力和能量。

首先，经济体制改革探索在实践上取得良好开局，在理论认识上取得重大突破。1978 年在安徽省委的支持下，安徽省凤阳县等地的农民率先突破旧思想的束缚，开始了包产到户、包干到组（户）等以生产责任制为特点的体制创新，极大地解放了农村的生产力。四川、云南、广东等省的农村也陆续开展了不同形式的生产责任制改革，到 1983 年家庭联产承包责任制成为我国农村普遍实行的一种经营方式。在农村自下而上的体制改革进行的同时，城市也开始了扩大企业自主权、实行经济责任制等改革探索。从 1981 年起，国务院决定在中小城市进行经济体制改革综合试点。改革实践的推进催生了理论认识上的突破，党的十二大报告明确了我国在所有制结构、计划经济与市场调节的关系方面取得了突破性认识，强调要赋予个体经济合法地位和重视市场的调节作用。1984 年，中共十二届三中全会通过了《中共中央关于经济体制改革的决定》，开启了经济领域的制度改革。这次会议提出"社会主义经济是公有制基础上的有计划的商品经济"，突破了传统思想的束缚。随后，在扩大企业自主权、实行厂长负责制、调整所有制结构、开展股份制试点等方面以城市为重点的经济体制改革陆续展开，并逐渐推进到流通领域和价格领域，并形成了中国经济体制由计划向市场转轨时期的一种特殊的制度设计——价格双轨制。在"价格闯关"遭遇挫折之后，中国的经济体制改革和经济形势一度面临危机。1988 年，中共中央做出治理经济环境、整顿经济秩序、全面深化改革的决策，经过 3 年的努力，到 1991 年治理整顿工作取得明显成效。20 世纪 80 年代末 90 年代初，我国的经济体制转轨遇到了深层次矛盾的实际问题，加上受国际上东欧剧变和国内政治风波的影响，人们在思想领域中一度出现混乱。在此背景下，邓小平于 1992 年发表了著名的南方谈话，明确指出"计划和市场都是经济手段"①。在认识上取得了重大突破，为社会主义制度与市场经济的结合创造了理论条件和准备，再一次解放了人们的思想，厘清了意识形态领域中

---

① 邓小平.邓小平文选：第三卷［M］.北京：人民出版社，1993：373.

存在的模糊状态。随后召开的党的十四大明确提出了建立社会主义市场经济体制的改革目标。这样一来，我国的制度构建和改革，以经济领域为突破口，逐渐步入了快速发展的轨道。

其次，政治制度得到恢复和巩固，政治体制改革起步，法治建设取得进展。

一是人民代表大会制度得到恢复和巩固。1979 年五届全国人大二次会议召开，通过了《中华人民共和国全国人民代表大会和地方各级人民代表大会选举法》和《中华人民共和国地方各级人民代表大会和地方各级人民政府组织法》，恢复了地方人大制度并对人大选举制度做了重要改革。《中华人民共和国宪法》（1982）明确了人民代表大会的地位和职权，增加了人大常委会的职权。党的十三大以后，人民代表大会制度的各项组织、工作程序不断完善、不断健全、不断规范。1992 年，七届全国人大五次会议通过了《中华人民共和国全国人民代表大会和地方各级人民代表大会代表法》，对各级人大代表的职能及地位等方面做出了详细的规定。

二是中国共产党领导的多党合作和政治协商制度得到恢复和发展。1978 年，全国政协五届一次会议召开，大会一致通过了《中国人民政治协商会议章程》和会议决定，选举邓小平为第五届全国政协主席，这标志着中国共产党领导的多党合作和政治协商制度的全面恢复。1982 年，全国政协五届五次会议及《中华人民共和国宪法》对政协的性质、任务等做了明确规定。

1987 年，党的十三大报告明确指出将这一制度作为我国的一项基本政治制度。1989 年，《中共中央关于坚持和完善中国共产党领导的多党合作和政治协商制度的意见》明确中国共产党是国家的执政党，各民主党派是中国共产党的亲密友党，是参政党，并提出了中国共产党与各民主党派合作的基本方针。

三是民族区域自治制度得到坚持和发展，提出了"一国两制"的构想、创立了特别行政区制度。在拨乱反正的过程中，各级民族工作机构全面恢复，1981 年《关于建国以来党的若干历史问题的决议》对加强民族区域自治和推进民族区域自治的法治建设做出了政策安排，此后《中华人民共和国宪法》（1982）、1984 年《中华人民共和国民族区域自治法》也相继颁布。针对祖国统一的问题，邓小平提出了"一国两制"构想，并首次从这一角度提出"有中国特色的社会主义制度"的概念。他指出，"我们的社会主义制度是有中国特色的社会主义制度，这个特色，很重要的一个内容就是对香港、澳门、台湾问题的处理，就是'一国两制'"①。《中华人民共和国宪法》（1982）以国家根本大法的性质确认了这一制度设计方案，规定在必要的时候我国可以设立特别行政区，实行其他的制度形态。1990 年《中华人民共和国香港特别行政区基本法》颁布，在一个国家实行两种制度的构想以及特别行政区制度逐

① 邓小平. 邓小平文选：第三卷［M］. 北京：人民出版社，1993：218.

渐从政策设计迈向制度化构建。

四是基层民主制度构建的基础工程逐渐展开，基层群众性自治组织蓬勃发展。《中华人民共和国宪法》（1982）明确提出设立街道居民委员会和村民委员会。到 1985 年年底，全国共成立 94.9 万个村民委员会。① 同时，职工代表大会和工会组织也在各企事业单位普遍建立。随着基层组织的蓬勃发展，《中华人民共和国村民委员会组织法（试行）》《中华人民共和国城市居民委员会组织法》《全民所有制工业企业职工代表大会条例》等法规条例出台，中国特色的基层民主自治体系初具雏形。

五是中国特色社会主义法律体系的基本框架初步形成。在邓小平"必须使民主制度化、法律化"思想的影响下，中共十一届三中全会以后，我国积极推进立法工作和修法工作，国家政治生活、经济生活、社会生活的主要方面，呈现出有法可依的局面。在 1979 年，五届全国人大二次会议通过了 7 部重要的法律，结束了"文化大革命"结束后法律制度缺失的状况，1982 年通过了《中华人民共和国现行宪法》。另外，我国第一部规范律师组织和职业的法规《中华人民共和国律师暂行条例》的颁布，标志着我国法治建设的重大调整。

六是政治体制改革平稳起步。中共十一届三中全会明确提

---

① 当代中国研究所. 新中国 70 年［M］. 北京：当代中国出版社，2019：176.

出要改革上层建筑、推进管理体制改革、必须有充分的民主、通过法制来保障人民民主等重要决定，形成了新时期党对政治制度改革的新的认识。在恢复和巩固原有制度的基础上，以党和国家的领导制度作为切入点，开始了改革。邓小平在《党和国家领导制度的改革》的讲话中明确指出："我们过去发生的各种错误，固然与某些领导人的思想、作风有关，但是组织制度、工作制度方面的问题更重要。这些方面的制度好可以使坏人无法任意横行，制度不好可以使好人无法充分做好事，甚至会走向反面。"① 他在这篇讲话中对现行制度中存在的弊端，以及改革的目的、标准、原则方法和重大举措都做了充分阐释，形成了这一时期政治体制改革的基本纲领。1982 年，在四川省的广汉等地区试点撤销人民公社体制；党和国家的机构改革也在 1982 年展开，国务院的各部委及办事机构由 100 个减为 60 个，编制缩减了 1/3，领导干部的年龄结构也有所改善。我国的政治体制改革起步平稳，取得了不错的成效。

二、全面探索和初步形成时期（1992—2002 年）

从 1992 年党的十四大召开到 2002 年党的十六大召开，我国制度改革进入深入探索时期，具有"四梁八柱"性质的制度要素的构建初步取得成效。在这一时期，市场经济体制逐步确

---

① 邓小平. 邓小平文选：第二卷 [M]. 北京：人民出版社，1994：333.

立，符合现阶段中国发展实际同时又具有社会主义性质的基本经济制度形成。根据唯物史观对制度形态性质的划分标准，这也标志着中国特色社会主义制度形态初步形成。在具有标志性意义的经济领域的制度构建取得突破性进展的同时，中国特色社会主义民主政治制度得到进一步发展，依法治国方略正式提出，社会主义民主政治各项法律制度进一步健全，"一国两制"在香港、澳门地区成功实践，行政管理体制改革取得初步成效。总体来看，这一时期的制度改革，从基本制度层面逐渐深入具体体制层面，从经济领域改革逐渐深入政治、文化、科技、教育等方面，我国独特的制度形态的轮廓日渐清晰，制度的绩效、制度的优越性初步显现。

首先，符合中国实际、具有社会主义性质、独特的基本经济制度形成。邓小平在南方谈话中指出的市场经济不具有制度属性的正确论断，这一具有思想解放意义的重大论断有力地推动了代表人类科学价值理性和社会发展趋势的社会主义与代表现代化生产生活规律的市场经济的结合。要发展市场经济就必须突破铁板一块的单一的公有制结构，建立多元的产权主体，形成统一开放、竞争有序的市场，通过市场来配置资源。要保证基本经济制度的属性，就必须坚持和保证公有制的主体地位，从而保证广大人民群众占有大部分生产资料。党的十四大以来，我国在建立社会主义市场经济体制和调整所有制结构方面形成广泛共识，并在实践中取得重大进展，公有制为主体、多种所有制经济共同发展的格局逐渐确立。1993年，中共十四届三中全会通过了《中共中央关于建立社会主义市场经济体制若干问题的决定》，对于建立市场经济体制的若干问题做出详细安排部署。1997年，党的十五大召开，对我国的经济制度形态首次做了明确阐述："公有制为主体、多种所有制经济共同发展，是我国社会主义初级阶段的一项基本经济制度。"① 并强调将非公有制经济的地位从"必要补充"提升为"重要组成部分"。2002年，党的十六大召开，更加深入地阐述了我国现阶段的基本经济制度，并首次提出"两个毫不动摇"的原则。我国基本经济制度的确立标志着我国独特的现代化制度形态——中国特色社会主义制度形态的初步形成。选择这一制度形态是由我国所要构建的制度属性所决定的，也是由我国经济文化还相对落后的发展现实所决定的。

其次，稳妥渐进地推进政治体制改革，上层建筑领域的制度构建取得新进展。一是根本政治制度进一步完善，人大代表的选举制度以及人大的立法、普法、法律监督等职权进一步明确。1992年，七届全国人大五次会议制定了《中华人民共和国全国人民代表大会和地方各级人民代表大会代表法》，以一部专门法律来保障人大代表执行职务、行使职权。1993年，八届全国人大常委会第三次会议通过了《全国人民代表大会常务

---

① 江泽民．江泽民文选：第二卷［M］．北京：人民出版社，2006：19.

委员会关于加强对法律实施情况检查监督的若干规定》。2000年，九届全国人大三次会议通过了《中华人民共和国立法法》。人民代表大会制度的各项具体制度逐渐完善，其职能和作用得到进一步发挥。二是基本政治制度进一步发展。1993年通过的宪法修正案将中国特色的政党制度、协商制度载入宪法。政协第八届全国委员会一次会议将"参政议政"确定为各民主党派的主要职能。1994年，全国政协八届二次会议通过了新的政协章程，增加了政协参政议政的职能。在实践中，全国各地的政协工作在中国共产党的领导下不断开创新的局面，有些地方积极创新形式，建立了"界别活动""委员走访"等制度。人民政协的各项议事规则和工作程序也不断地规范、不断地健全完善。2001年，新修订的《中华人民共和国民族区域自治法》颁布实施，长期以来被当作一项民族政策的民族区域自治正式被列为国家的一项基本政治制度。1998年，《中华人民共和国村民委员会组织法》（1998年修订）通过；2000年，推进社区建设的文件颁布，基层群众自治体系进一步完善。此外，特别行政区制度在香港、澳门成功实践，1997年和1999年，香港、澳门相继回归祖国，"一国两制"变为现实。

再次，提出依法治国基本方略，法律体系建设向纵深发展。市场经济本质上是法治经济，现代化的国家治理必然要求依法治理。随着各方面改革的深入推进，以法治为核心的制度现代化任务显得越来越紧迫。党的十四大提出到20世纪末

"初步建立适应社会主义市场经济的法律体系"的任务，党的十五大提出"依法治国"的基本方略，并进一步明确到2010年"形成有中国特色社会主义法律体系"。党对我国法治建设的目标越来越明确，举措越来越务实。此后，围绕构建健康的社会主义市场经济体制，我国加快了立法步伐，出台了一系列重要法律。我们党带领人民群众一边进行改革实践，一边进行经验总结、推进制度构建。1993年和1999年，全国人大常委会两次修改宪法的部分条款和内容，将实践中看准的制度设计上升为国家根本大法。这一时期，我国制定、修改了大量的法律、行政法规、地方性法规及行政规章，到1999年年底，制定、修改了371个法律，840个行政法规，7000多个地方性法规，30000多个行政规章。① 截至2001年，我国经济、政治、社会各方面基本上都有法可依，法律执行层面的程序、规范也不断完善，中国特色社会主义法律体系的基本框架初步形成。

最后，将文化体制改革提上日程，开始在社会管理体制方面进行探索。随着经济体制改革的深入推进，文化体制改革的必要性逐渐显现，党的十五大阐述了文化的基本纲领，2000年提出"先进文化"的概念。在新的创新理念的指引下，党和政府对文化政策做了深入的调整，采取有力的措施改革文化管理体制。中共十五届五中全会正式将发展文化产业作为重要战

---

① 刘先春，朱延军. 中国特色社会主义法律体系建设的回顾与展望［J］. 毛泽东邓小平理论研究，2009（8）：30-35，86.

略，把加强文化市场的管理、完善文化产业政策、推动文化产业与信息产业融合等作为重点改革方向。在党的十六大报告中，江泽民提出要"适应社会主义市场经济发展的要求，推进文化体制改革"①。至此，文化产业逐渐从文化事业中分离出来，其产业属性、经济属性、市场属性更加突出，而文化事业的公益属性、公共属性更加明显。在社会治理体制领域，在教育医疗体制改革等方面进行了初步探索，积累了一定的经验。党的十五大以后，我国在建设覆盖更广的社会保障体系方面加快了步伐，1998年国务院组建劳动和社会保障部，加强社会工作的统一管理，确定了"三个重点、两个确保、一个统一"②的工作目标，在下岗职工再就业、养老保险、医疗保险、失业保险等方面的制度改革上取得了重要进展，也结束了长期以来多头管理、分散决策的局面。

三、基本形成及正式确立时期（2002—2012年）

党的十六大以来，我国进入了全面建设小康社会的新时期，我国的市场经济体制日渐成熟，民主政治制度得到进一步巩固和发展，各项体制改革稳步向前推进，依法治国取得新进

---

① 江泽民. 江泽民文选：第三卷［M］. 北京：人民出版社，2006：561.
② "三个重点、两个确保、一个统一"，将促进国有企业下岗职工再就业、深化养老保险制度改革、推动医疗保险制度改革作为重点，确保国有企业职工的基本生活，确保离退休人员养老金的发放，努力实现社会保险的统一管理。

展，文化、社会体制改革加快步伐。2011 年，胡锦涛在"七一"讲话中明确提出"中国特色社会主义制度"的概念，并对其内涵、特点和优势做了深刻阐述。这是继邓小平 1987 年会见香港特别行政区基本法起草委员会委员时，"一国两制"的角度提出这一概念以来，第一次正式使用。2012 年，党的十八大召开，以党的代表大会的形式正式宣告了中国特色社会主义制度形态的形成和确立。

第一，市场经济体制向纵深发展，各项体制机制不断完善，中国特色基本经济制度进一步巩固。经过改革开放 20 多年的实践探索，到世纪之交，具有中国特色的社会主义市场经济体制已经成功建立起来，多元的市场主体、不同类型的经济成分、价值规律的调节作用、市场对资源的基础调配等现代市场经济的特征初步具备。但从整体上讲，其还不够完善，还存在各种各样的问题，还不能适应我国快速发展的要求。因此，党的十六大做出完善我国基本经济制度的战略部署，中共十六届三中全会做出完善社会主义市场经济体制的决定，将各项目标和任务进一步细化。2005 年，国务院颁布《关于鼓励支持和引导个体私营等非公有制经济发展的若干意见》，就促进和规范非公有制经济发展提出了七方面的政策举措。2007 年，十届全国人大五次会议通过了《中华人民共和国物权法》，以法律的形式保障了市场主体享有的平等物权，为维护市场经济秩序、稳定非公经济起到了重要作用；党的十七大报告强调从制度上更好地发挥市场在资源配置中的基础性作用。2012年，党的十八大召开，进一步深化了对经济制度改革的认识，把对"计划与市场"关系的认识向前推进，发展为处理好"政府和市场"的关系，将尊重客观规律（市场）与发挥主观能动性（政府）统一起来，抓住了我国经济领域中制度改革的核心问题。同时，党的十八大还要求继续坚持"两个毫不动摇"，加快推进财税、金融等领域体制改革。中国特色社会主义市场经济体制日渐成熟和完善，制度绩效逐渐显现，为增强中国特色社会主义制度自信奠定了基础。

第二，中国特色的民主政治制度进一步健全，根本制度和基本制度更加巩固。一是人民代表大会制度更加完善，人大代表的地位进一步提高，各项职能的发挥进一步加强。2005年，中共中央发布《中共全国人大常委会党组关于进一步发挥全国人大代表作用加强全国人大常委会制度建设的若干意见》；2006年，十届全国人大常委会通过了《中华人民共和国各级人民代表大会常务委员会监督法》，党的十七大报告做了进一步的制度安排；2010年，十一届全国人大三次会议通过的新修改的《中华人民共和国全国人民代表大会和地方各级人民代表大会选举法》规定了"城乡同票"的原则。这一系列举措使我国选举制度更加健全。二是各项基本政治制度进一步完善。党的十六大以来，《关于进一步加强中国共产党领导的多党合作和政治协商制度建设的意见》《关于加强人民政协工作的意

见》《关于巩固和壮大新世纪新阶段统一战线的意见》等一系
列文件先后颁布，中国特色的新型政党制度、协商民主制度逐
渐走向制度化、程序化和规范化。2005 年，国务院颁布了
《国务院实施〈中华人民共和国民族区域自治法〉的若干规
定》，将这一领域的制度构建向具体层面延伸，有力地推动了
我国民族区域自治这一基本政治制度的具体实施。2007 年，党
的十七大第一次明确将基层群众自治制度列为我国的一项基本
政治制度。至此，具有中国特色的民主政治制度在根本制度和
基本制度层面的框架更加清晰。此外，在具体的政治制度改革
方面，党的十六大以来，党和国家主要围绕改革、完善党的领
导方式和执政方式，深化了行政管理体制、干部人事体制、监
督体制等方面的改革；按照党"总揽全局、协调各方"的原
则，进一步规范党委与人大、政府、政协及人民团体的关系。

　　第三，中国特色社会主义法律体系基本形成。党的十六大
将全面建设小康社会作为 21 世纪前 20 年的重要任务，在法律
制度构建方面提出"社会主义法制更加完备，依法治国基本方
略得到全面落实"的任务，并再次把我国法律体系的基本形成
作为到 2010 年的立法目标。为了尽快完成这一目标，十届全
国人大常委会制定了五年立法规划。党的十七大以后，一方
面，全国人大常委会加快制定在法律体系中起支架作用的法
律，截至 2010 年年底，我国已经制定现行有效法律 236 件、

行政法规 690 多件、地方性法规 8600 多件；① 另一方面，根据新的发展需要，开展大规模的法律集中清理工作。2011 年，时任全国人大常委会委员长吴邦国在十一届全国人大四次会议上庄严宣布中国特色社会主义法律体系已经形成。以宪法为核心的中国特色社会主义法律体系已基本形成，为国家制度现代化打下了基础。

第四，文化、社会体制改革加快了步伐、取得了成效。党的十六大以来，我国进一步明确了文化产业与文化事业的不同属性，提出逐步建立新的文化管理体制，推进国有的文化单位改制转企，放宽文化市场准入，逐渐形成"以公有制为主体、多种所有制共同发展的文化产业格局"。同时，覆盖城乡的公共文化服务体系发展迅速，为人民群众提供了丰富的精神文化生活。2011 年，中共十七届六中全会做出深化文化体制改革、推动社会主义文化大发展大繁荣的决定，把文化体制改革工作提升到重要的位置。与此同时，社会管理体制改革不断加快步伐。2004 年，中共十六届三中全会第一次对我国社会管理体制改革做出全面部署，进一步细化和拓展了社会主义事业在制度构建方面的范围，明确提出要建立"党委领导、政府负责、社会协同、公众参与"的社会管理格局。党的十七大进一步对社会领域具体制度的创新发展做了部署。现实中，随着市场经济

① 赵纪梅. 中国特色社会主义制度解读 [M]. 北京：九州出版社，2014：5.

的不断发展，我国社会结构发生了巨大的变化，日益要求管理主体的多元化，由政府、社会组织及公众共同参与的社会治理制度创新逐渐被提上日程。

第二节　中国特色社会主义制度形态的内涵

内涵是表达事物本质属性的概念。制度的内涵是规则，形态的内涵是结构、样貌、状态等。制度形态的内涵即制度的结构、样貌、状态等。中国特色社会主义制度形态是我们党带领人民群众在科学的制度理念的指导下，总结革命和建设时期的制度构建经验，在改革开放伟大、生动的实践中逐渐形成的。党的十八大报告对我国基本成熟、定型的制度形态做了较为清晰的勾勒，认为它是由政治、经济、文化、社会等各领域的根本制度、基本制度、具体制度等组成的制度体系。中共十九届四中全会进一步指出，中国特色社会主义制度是党和人民在长期实践探索中形成的科学制度体系，包括党的领导和经济、政治、文化、社会、生态文明、军事、外事等各方面制度，同时强调，要坚持和完善支撑中国特色社会主义制度的根本制度、基本制度、重要制度，构建系统完备、科学规范、运行有效的制度体系。把握中国特色社会主义制度形态的内涵，实际上就是系统地把握它的构成要素、逻辑结构及其相互关系。

一、中国特色社会主义制度形态的构成要素

党的十八大明确指出："中国特色社会主义制度，就是人民代表大会制度的根本政治制度，中国共产党领导的多党合作和政治协商制度、民族区域自治制度以及基层群众自治制度等基本政治制度，中国特色社会主义法律体系，公有制为主体、多种所有制经济共同发展的基本经济制度，以及建立在这些制度基础上的经济体制、政治体制、文化体制、社会体制等各项具体制度。"① 中共十九届四中全会在我们党已经明确的根本制度、基本制度、重要制度的基础上做出了一些新的概括。比如，明确提出"坚持马克思主义在意识形态领域指导地位的根本制度"②，把社会主义基本经济制度确定为"公有制为主体、多种所有制经济共同发展，按劳分配为主体、多种分配方式并存，社会主义市场经济体制"③，对中国特色社会主义法治体系、中国特色社会主义行政体制、繁荣发展社会主义先进文化制度、统筹城乡的民生保障制度、共建共治共享的社会治理制度、生态文明制度体系、党对人民军队的绝对领导制度、"一国两制"制度体系以及党和国家监督体系等也进一步做出阐

---

① 胡锦涛. 胡锦涛文选：第三卷 [M]. 北京：人民出版社，2016：622.
② 习近平. 坚持和完善中国特色社会主义制度 推进国家治理体系和治理能力现代化 [EB/OL]. 中国政府网，2020-01-01.
③ 习近平. 坚持和完善中国特色社会主义制度 推进国家治理体系和治理能力现代化 [EB/OL]. 中国政府网，2020-01-01.

述。本书从唯物史观的视角，集中就经济、政治法律、文化、社会、生态等方面的制度做简要分析。

第一，根据历史唯物主义制度观，经济制度是社会经济基础（生产关系）的表现形式。生产力决定生产关系是辩证唯物史观的一条基本原理，生产力的决定性主要体现在较长时间的、大跨度的历史发展阶段中，同时也体现在既得生产力水平所决定的生产关系的可能限度上。因而，在现实中，一般情况下不同的生产力水平采用不同的生产关系及其经济制度，但在特殊的历史交汇期或过渡期，相同生产力水平的社会可以采用不同的生产关系及其经济制度，甚至生产力水平相对落后的国家可以采用更高一级的生产关系及其经济制度。这是因为既得生产力水平已经使得实行更高级的生产关系及经济制度形态成为可能，一旦各方面条件具备，实行此种经济制度形态的"历史的合力"就会形成。我国的经济制度形态是我国在社会主义初级阶段的生产关系的规范化、制度化的表现。一方面，我国生产力发展水平已具备采用社会主义生产关系及经济制度的可能，而历史和人民的选择最终形成的合力创造了现实条件；另一方面，在生产力发展水平上无论与西方国家相比，还是与经典理论中设想的条件相比，我国都处于不够发达的状态，在这种情况下如何构建具体的经济基础和经济体制就成为我国制度构建的关键。经过长期的实践探索和理论创新，特别是改革开放以来对传统社会主义经济制度模式的突破，中国创造性地将代表人类科学价值理性和社会发展趋势的社会主义，与代表和反映现代化生产生活规律的市场经济相结合，确立了独特的经济制度形态。既在主体上以及"质"的方面坚持了生产关系的社会主义属性，使公有制成为主体，又鼓励多元的市场主体，鼓励非公经济的发展，适应了现实发展的需要，确立起独特的基本经济制度形态。同时，在分配领域同样坚持这样一种原则，既规定了按劳分配的主体地位，又允许其他多种分配方式的存在和发展。在具体制度方面，在财税、金融、商贸、国有企业、农村集体经济、对外贸易等领域不断完善各项体制机制。在事关经济制度的性质、经济发展的效率与公平、政府与市场的关系等关键性问题上，形成了比较成熟、稳定的制度框架，中国特色社会主义经济制度逐渐成熟、定型。

第二，中国特色社会主义政治制度是我国政治上层建筑的重要组成部分，是整个制度体系中起决定性作用的制度形态。政治制度决定国家的政权性质、政党关系、政权组织形式、国家结构形式、民主实现方式等内容，是一个国家制度形态的核心组成部分。

其一，政治制度的决定作用主要在于其政权制度及其组织形式。一个国家的政权掌握在谁的手里、哪个阶级的手里是由这个国家的政权制度所决定的。处在封建主义制度形态下的国家在政治制度方面通常采用君主制及其相应的官僚组织形式，保障封建地主阶级掌握国家政权；资本主义制度形态下的国家为保证资产阶级掌握国家政权，采取君主立宪制或者资产阶级民主共和制及其相应的议会制度；社会主义制度形态下的国家是由无产阶级掌握国家政权，采取的政权制度是无产阶级专政的民主共和制。在中国，这一政权制度及其组织形式的具体形态或者创新形态就是人民民主专政的国体和人民代表大会的政体。这一政权制度及其组织形式保证了无产阶级和广大人民群众掌握国家政权，保证政权性质有效实现的人民代表大会制度就成为我国的根本政治制度。

其二，政党制度是现代化政治制度的基本制度形态之一。我国的政治制度形态内在地包括具有中国特色的新型政党制度。《中国共产党章程》明确规定："中国共产党是中国工人阶级的先锋队，同时是中国人民和中华民族的先锋队，是中国特色社会主义事业的领导核心，代表中国先进生产力的发展要求，代表中国先进文化的前进方向，代表中国最广大人民的根本利益。"① 人民民主专政的国家政权制度决定了必须由代表无产阶级和广大人民群众利益的政党执掌国家政权，充当人民的代理人，这个政党就是中国共产党，党的性质与国家政权性质具有一致性。同时，中国共产党执政，并不排斥其他阶级、阶层和社会团体参与国家治理，在中国不存在党派之间的竞争关系，也不存在在野党，而是一党长期执政与多党参政议政相

---

① 中国共产党章程 [N]. 人民日报，2020-10-27（1）.

结合。这就使得在国家发展过程中执权者既能代表无产阶级和广大人民的利益，又能广泛照顾到其他社会阶层的需求，兼顾当前利益和长远利益。

其三，在国家结构形式上，政治制度的构建都要结合国情，也就是要结合中国传统制度下形成的制度文化和现实中的实际情况。几千年"大一统"的国家形态结构，少数民族大杂居、小聚居的特点，决定了我们必须创造性地运用科学社会主义基本原则，实行单一制的国家结构形式，而不能实行联邦制或者其他的形式。单一制的国家结构更符合中国人的传统观念，人民对其更有认同感，也更利于国家的稳定。同时，为了兼顾区域差异和民族特点，在少数民族聚居的地区实行民族区域自治制度。此外，现阶段在尊重历史和实事求是的原则下，我国又创造性地提出了"一国两制"的制度构想，在香港、澳门、台湾地区实行资本主义制度。质量互变原理告诉我们，这一制度形态设计丝毫不会改变我国社会主义制度的"质"，"国家的主体是社会主义"[1]，反而是在特殊的历史时期赋予我国制度形态鲜明的中国特色，这个特色中"很重要的一个内容就是对香港、澳门、台湾问题的处理，就是'一国两制'"[2]。

其四，民主制度的构建也要符合历史和国情，是一个随着民主环境和民主意识发展的渐进过程，而且民主的内容比民主

---

[1]　邓小平. 邓小平文选：第三卷 [M]. 北京：人民出版社，1993：219.
[2]　邓小平. 邓小平文选：第三卷 [M]. 北京：人民出版社，1993：218.

的形式更为重要，西方民主制度的发展也经历了一个长期的过程。我国的民主制度是在民主集中制原则下展开构建的，既有人民代表大会为主的选举民主，又有人民政协为主渠道的协商民主，在基层两种民主形式充分结合，产生了符合实际又具有中国特色的基层群众自治制度。

其五，由于政治制度的决定作用，特别是方向性的决定作用，中国特色社会主义政治制度在改革开放前就确立起了基本框架，形成根本政治制度并为后续的发展奠定了基础。改革开放以来，各项基本政治制度不断完善和发展，政治体制改革也逐步推进，逐渐构建起一套与市场经济体制相配套的现代民主政治制度形态，并随着实践的发展逐渐成熟、定型。

第三，根据辩证唯物史观的基本原理，政治上层建筑包括政治、法律制度及设施，所以中国特色社会主义法律制度是我国政治上层建筑的重要组成部分。法律制度一般指一个国家或地区的法律原则和规则。一方面，从宏观的角度理解，法律制度即一个国家或地区采取什么样的法律原则，采取什么形式的法律，这接近法学中的"法系"的概念；另一方面，从微观的角度理解，法律制度指的是一个国家或地区有哪些法律部门、具体的法律规范、规则等。

首先，从宏观视角看，法学界一般认为世界有五大法系，即大陆法系、英美法系、伊斯兰法系、印度法系、中华法系，其中大陆法系和英美法系是当今世界两大主流法系，而印度法系和中国传统制度下的中华法系已经解体。一些观点把中国特色社会主义法律制度归入大陆法系，无可否认，制度现代化的进程确实率先发端于西方，中国制度现代化的过程是对传统制度的否定和对西方制度现代化经验的借鉴。但是，中国特色社会主义法律制度实际上不仅借鉴了大陆法系的实体法律，也借鉴了英美法系的控辩思想，同时还保留了中华法系的优秀理念，是一种具有中国特色的社会主义法系。"各国的法律体系也不相同，我们不能用西方某些国家的法律体系来套中国特色社会主义法律体系。"①

　　其次，从具体的法律部门和法律规范来看，我国的法律制度是一个有统帅、有主干、多层次的法律体系，是立足中国国情、能够适应不断发展的实践的需要、能够体现国家意志和人民意愿的新型法律制度形态。具体来讲，中国特色社会主义法律制度由三个层级的法律制度和七个法律部门构成，是一个涵盖政治、经济、社会、生活等各方面的法律体系。从法律层级看，法律制度主要有宪法、基本法、行政规章及地方性立法三个层级，宪法是国家根本大法，在法律制度体系中居于统帅地位，基本法是国家法律制度的主干，行政法规和地方性法规是国家法律制度的重要组成部分。各层级的法律制度的制定主体不一样，其权威性也不一样。层级越高的法律制度其原则性、

---

① 吴邦国在十一届全国人大四次会议上作的常委会工作报告（摘登）[N]. 人民日报，2011-03-11（3）.

抽象性越强，层级越低的法律制度其具体性、可操作性越强。从法律部门看，法律制度主要由宪法相关法、民商法、行政法、经济法、社会法、刑法、诉讼与非诉讼法七个部门组成。

第四，中国特色社会主义文化制度是与国家意识形态上层建筑紧密相关的制度形态。文化制度不仅规范文化事业和文化产业的发展，对于增强文化软实力，推动文化的繁荣发展具有重要的作用，而且对于我国现代化制度文化的塑成和完善具有直接的作用。文化是人类文明的历史积淀，具有很强的历史性、民族性，同时也具有阶级性，即意识形态性。人类在不断发展的历史长河中创造了绚丽多姿的文化，其中也包括反映了人们在经济、政治、社会生活等方面交往关系的制度文化，制度文化不仅影响一个社会的经济、政治制度的构建，同时也对文化制度的构建具有重要影响。传统的制度文化使得制度现代化有了"路径依赖"，而这种"路径依赖"是两方面的：一方面是消极的，即腐朽的、已经落后的制度文化对制度现代化的牵制、阻碍；另一方面是积极的，即优秀的、先进的制度文化对制度现代化的引领、促进。制度构建主体所要做的，就是尽可能避免和减少消极的方面，同时尽可能发挥积极的方面，在此方面，文化制度的功能就显得尤为重要。理解文化制度与制度文化之间的辩证关系是构建文化制度的关键。中国特色社会主义文化制度承担着对中华优秀传统文化进行创造性转化、创新性发展、对当今世界一切优秀文化成果进行吸收借鉴的功能，并且在此基础上承担着对我国现代化制度文化的塑成和完善的功能，对于营造我国制度形态运行的良性制度环境具有不可替代的作用。中国特色社会主义经济、政治、法律、社会、生态等各方面的制度运行都离不开与之相适应的制度文化环境。

首先，我国的文化制度形态必须适应国家经济基础和政治上层建筑的需要，特别是反映意识形态上层建筑的要求。近代以来中国人民制度选择的结果，马克思主义、科学社会主义的科学性及其与中华优秀传统文化的契合，都使得坚持马克思主义在意识形态领域中的指导地位成为必然。我国国家制度属性从根本上决定了我们必须不断构建社会主义核心价值体系，弘扬社会主义核心价值观。其次，中国特色社会主义文化制度构建必须着眼于中国实际，"中国特色"的制度特征决定了其必须深植于中国土壤、立足于中国国情，把中华优秀传统文化的继承发扬与马克思主义中国化、科学社会主义现代化结合起来，必须有利于形成面向世界、面向未来的，民族的、科学的、大众的具有中国特色的社会主义先进文化。最后，在坚持基本原则的基础上，各项文化体制改革随着改革开放和市场经济体制的确立逐步展开，取得了突出的成效，中国特色社会主义文化制度的框架逐渐清晰，制度绩效逐渐显现，为中国特色社会主义制度形态的有效运行创造了良好的环境。

第五，中国特色社会主义社会制度、生态制度是我国制度形态的重要组成部分，是在经济、政治法律、文化制度构建的过程中自然衍生出来的制度形态，是社会主义制度形态在中国具体化过程中的必然产物。本书在绪论中的核心概念界定部分对制度形态与社会形态的辩证关系做了阐述，制度形态实际上是社会形态形成的标志，是社会形态或社会结构的直接反映。关于社会形态，马克思指出："人们在自己生活的社会生产中发生一定的、必然的、不以他们的意志为转移的关系，即同他们的物质生产力的一定发展阶段相适合的生产关系。这些生产关系的总和构成社会的经济结构，即有法律的和政治的上层建筑竖立其上并有一定的社会意识形式与之相适应的现实基础。物质生活的生产方式制约着整个社会生活、政治生活和精神生活的过程。"① 这一经典的阐述成为辩证唯物史观最为重要的一条基本原理，不仅深刻地指出生产力、生产关系（经济基础）、上层建筑之间的矛盾运动，而且用抽象的方法勾绘出社会的一般形态（结构），即处于一定生产力水平下的社会形态是由经济基础及竖立其上的上层建筑构成的，上层建筑又由政治上层建筑和思想上层建筑构成。因此，直接反映社会形态的经济、政治法律、文化制度就构成了一个社会制度形态的基本框架。但是，辩证唯物史观关于社会形态的分析采用的是高度抽象的方法，即把非常复杂的社会抽象为社会存在（社会关系）与社会意识的统一体，又把非常复杂的社会关系抽象为经

---

① 中共中央马克思恩格斯列宁斯大林著作编译局．马克思恩格斯文集：第2卷 [M]．北京：人民出版社，2009：591．

济、政治等关系。抽象的方法是把握具体背后规律的科学方法，通过抽象方法得出的原理的运用最终还要回归现实，上升为具体，我国制度形态构建的过程也是如此。中共十一届三中全会以后，中国共产党在解放思想、实事求是路线的指引下，加快了社会主义制度形态具体化的进程，在辩证唯物史观关于制度构建一般原理的指导下，不断根据实践的发展进行制度变革、制度设计和制度创新，在经济、政治法律、文化制度不断健全和完善的同时，创造性地构建起独特的社会、生态制度，逐渐形成了"五位一体"的制度格局。这一系列成果不仅使我国制度形态更加丰满、更加具体，也进一步丰富和发展了辩证唯物史观的社会形态理论。

二、中国特色社会主义制度形态的逻辑结构

我国制度形态的逻辑结构首先表现为由经济、政治法律、文化、社会、生态等各方面制度子系统组成的一个大系统，各子系统之间相互联系、相互制约、相互作用；其次表现为各项制度子系统内部又包括不同的层次，由抽象到具体，形成了一个横向结构和纵向层次相交融的、具有严密逻辑体系的制度群。分析各要素或子系统的横向结构关系和纵向层次关系，是理解我国独特的制度形态这一抽象物的重要方法。

第一，中国特色社会主义制度形态的横向结构关系体现为各组成要素间的逻辑关系及各要素在制度系统中的地位。首

先，中国特色社会主义经济制度是反映我国社会经济基础的制度形态，是生产关系规范化、规则化的表现，在整个制度形态中处于基础性地位，决定着制度形态的"质"或者说性质。根据辩证唯物史观基本原理，表征生产关系的经济制度决定整个社会制度形态的性质，是其"质"的规定性。生产资料的社会主义公有制是对"建立在阶级对立上面、建立在一些人对另一些人的剥削上面的产品生产和占有的最后而又最完备的表现"①的"现代资产阶级私有制"的否定，是社会化大生产发展趋势的必然要求，同时也是实现社会主义价值目标的制度保障。在生产资料公有制的基础上组织生产是社会主义与资本主义制度形态的本质区别。我国经济制度形态在所有制的制度构建中坚持公有制为主体毫不动摇，为我国社会主义初级阶段的整个制度形态的构建奠定了基础。在经济制度系统与其他制度系统的关系方面，就一般情况来讲，经济制度决定着政治法律、文化制度及其他各项制度。当然，这种决定性作用是从归根结底的意义上讲的，并不否认其他制度的反作用，特别是政治制度在某些情况的决定性作用。同时这种决定性作用也不决定各项制度构建的先后顺序，甚至在多数情况下，新的政权制度和相应的基本政治制度先建立起来，然后为统治阶级所要求的经济制度的构建开辟道路。当代表新阶级利益的新的经济制

---

① 中共中央马克思恩格斯列宁斯大林著作编译局．马克思恩格斯文集：第 2 卷 [M]．北京：人民出版社，2009：45．

度得到确立时，其政权制度即相应的政治制度也得到巩固，否则，旧的经济制度卷土重来就会使新生的政权及其政治制度受到威胁，因为归根结底，经济制度具有决定性作用。经济制度的调整、经济体制的变革，必然引起政治法律、文化等制度和体制的调整，经济体制改革的成功也有赖于相应的政治、文化、社会、生态体制改革的配套。我国经济制度系统与其他制度系统的关系也是如此。

其次，政治制度归根结底是由一定的经济基础决定并为其服务的，是上层建筑中最重要的组成部分。但是政治制度直接规定国家的政权性质、政权的组织形式以及民主的实现形式，是中国特色社会主义制度形态中最为核心的部分。经济制度最终决定一个社会的生产资料归谁占有并最终决定相应的阶级政权的巩固，而政治制度直接规定国家政权由谁掌握、如何运行。中国特色社会主义政治制度规定了无产阶级和广大人民群众掌握国家政权，人民可以在真正意义上成为国家的主人，这体现了社会主义民主的本质。政治制度始终与经济制度紧密联系、相互作用，没有脱离经济的政治，也不可能有脱离政治的经济。因为，生产力的发展要求生产关系及经济制度进行变革以与其相适应，而这往往要先通过政治制度的更替或改革为其开辟道路。正如毛泽东所说："一切革命的历史都证明，并不是先有充分发展的新生产力，然后才改造落后的生产关系，而是要首先造成舆论，进行革命，夺取政权，才有可能消灭旧的生产关系。消灭了旧的生产关系，确立了新的生产关系，这样就为新的生产力的发展开辟了道路。"① 当新的经济制度建立后，就需要根据实践的不断发展进行体制改革来进一步健全和完善自身，这就必然要求政治制度方面进行相应的配套改革，如邓小平曾经指出："不改革政治体制，就不能保障经济体制改革的成果，不能使经济体制改革继续前进。"② 可见，社会制度形态发展的一般顺序可以概括为生产力发展—引起生产关系变革的需求—通过革命或改良建立新的政治制度—构建新的经济制度—改革、完善经济体制—配套进行政治体制改革及其他制度改革。此外，我国政治制度形态也从根本上决定了法律、文化、社会、生态等其他制度构建的社会主义方向和价值指向，处于制度体系同心圆的最内核。

最后，中国特色社会主义制度形态中的法律、文化、社会、生态等制度由经济制度和政治制度所决定并服务于经济制度和政治制度。法律制度是中国特色社会主义制度形态中比较特殊的组成部分，它与政治制度紧密联系并在根本上由其决定，而且本身就是政治上层建筑的组成部分。同时，中国特色社会主义法律制度是中国特色社会主义制度的载体和成文的、正式的表现形式，从某种意义上讲，制度即是法，法即是制

---

① 中共中央文献研究室 . 毛泽东文集：第八卷［M］. 北京：人民出版社，1999：132.

② 邓小平 . 邓小平文选：第三卷［M］. 北京：人民出版社，1993：176.

度。在改革实践中，总结各方面的成功经验和做法，将改革从政策层面逐渐上升为法律层面，就是一个制度构建的过程。因此，中国特色社会主义法律制度并不是与其他制度并列的从社会制度的某个领域中划分出来的部分，而是作为一种正式的规则体系嵌入在社会各领域之中的。中国特色社会主义文化制度是规范思想上层建筑的制度形态，由经济制度和政治制度所决定，具有很强的意识形态性，为经济制度和政治制度的构建创造了有利的文化软环境。中国特色社会主义社会制度是规范、处理社会关系的制度形态。"国家—社会"的分析框架与"政治—经济"的分析框架视角不同，但实则相似，马克思在运用生产关系和经济基础概念之前也使用过"市民社会"的概念。社会关系中最根本的是生产关系，但在生产关系之外还有由其决定的其他社会关系，而具体的制度构建不仅仅是抽象层面的，而是全面的。经济制度与社会制度有着特殊的共生关系，如果说经济制度是骨骼，社会制度就是肉体。比如，我国的分配制度既可以说是经济制度也可以归入社会制度。中国特色社会主义生态制度是马克思主义中国化在制度领域的突出表现，其本质上是人与人之间关系的反映，是用来规范这一关系的，但是归根结底这一关系要受到自然资源的约束和自然环境的影响。社会与自然是相互联系的，不是割裂的，因此人与人之间的矛盾关系会反映到人与自然之间的矛盾关系上来，两种关系之间会相互影响、相互制约。生态制度也不是从制度形态整体中单独划分出来的部分，而是贯穿于经济、政治、文化、社会等各领域。

第二，中国特色社会主义制度形态的纵向层次关系体现在制度构建过程中所表现出的"抽象"与"具体"的二重性上。首先，制度是历史地形成的，也是人们有意识地创造的，一种制度形态形成、发展的过程同人们的思维和认识过程相一致，也是"具体—抽象—具体"的展开过程。马克思、恩格斯正是在对当时西方社会资本主义制度形态的"具体"认知的基础上，按照唯物史观所揭示的人类社会发展的一般规律，抽象出未来社会制度形态的基本原则。但这些基本原则还只是停留在头脑中的"抽象的制度形态"设想，还未成为现实中的制度安排，而如何将"抽象的制度形态"设想变为现实并在现实中将其逐步上升到"具体"还有很长的路要走，这正是经历这一现实过程的人们的任务。马克思、恩格斯所处的时代不可能提供这些细节，所以他们抽象出的这些基本原则的运用"随时随地都要以当时的历史条件为转移"[①]。马克思主义中国化就是马克思主义在中国具体化的过程，其中自然包括制度形态的具体化。

其次，"具体—抽象—具体"的制度形态形成过程使得制度形态具有了二重性：抽象性与具体性。现实中一个总的制度

---

① 中共中央马克思恩格斯列宁斯大林著作编译局. 马克思恩格斯文集：第 2 卷 [M]. 北京：人民出版社，2009：5.

形态从体现其本质的核心价值到具体可操作的行为规则之间存在不同层级的制度形态，距离核心价值越近的，其抽象性越强，反之则具体性越强。抽象性越强的制度形态越具有根本性，越能从根本上规定制度本身的价值取向，人们一般把它称作根本制度或基本制度；具体性越强的制度形态可操作性越强，人们一般把它称作具体制度或体制。抽象与具体是相对的，相对于核心价值来说，根本（基本）制度具有具体性，是价值实现的最初展开，但相对于具体可操作的行为规则来讲，它又具有抽象性，还需要通过一系列下位制度的设计和安排来实现。具体制度相对于它的上位制度来讲具有具体性，而相对于它的下位制度来讲也带有一定的抽象性。

最后，制度形态的二重性决定了现实中的制度形态存在着复杂的演变过程，往往容易出现根本（基本）制度脱离实际或具体制度游离于核心价值的现象，其结果往往表现为作为整体的制度形态的设计初衷与制度绩效相背离。因此，必须运用唯物辩证法的思维把握好制度形态的二重性及二者之间对立统一的关系，这有助于在现实中处理好制度的价值性与科学性、制度的"成熟与定型"与"完善与发展"、制度设计安排与制度执行等一系列辩证关系。中国特色社会主义制度形态无论是从总的制度形态还是从作为各构成要素的制度形态看，都具有抽象与具体的二重性特点。总的制度形态从最为抽象的"社会主义制度"展开，到经济、政治法律领域的根本制度和基本制度，再到其他方面制度，先构建起制度的基本框架，再逐步健全和完善全面的制度体系；作为构成要素的各方面制度形态从体现价值和方向的根本制度和基本制度，到具体的体制及运行机制的层面不断深入发展，形态逐渐丰富起来。

第三节　中国特色社会主义制度形态的形成逻辑

近代以来，180多年的发展历程证明，我国的制度形态是我国历史发展的结果，是人民做出的制度选择，是我们党同人民群众在尊重客观规律的基础上主动构建的结果，它生长于我国的社会土壤之中，符合我国国情和实际。我国的制度形态是抽象的社会主义制度形态在我国的具体化，社会主义是它抽象的本质属性，中国特色是它具体的形态特点。我国制度形态的形成、发展是一个立足中国基本国情和历史方位，沿着"具体—抽象—具体"的制度构建逻辑展开的过程，它逐渐形成且具有丰富的内涵，并将随着实践的发展而不断完善与发展。

一、中国特色社会主义制度形态形成的历史基点

现实的社会主义制度形态没有首先在经济文化比较发达的西方国家出现，而是相继在经济文化比较落后的东方国家率先建立，是由当时的历史条件决定的，这不仅不违背，反而恰恰

符合辩证唯物主义和历史唯物主义的基本原理。中国作为5000年文明延续不断的大国却在近代以来落后于西方，不同的社会阶层和政治力量曾纷纷登上历史舞台，探索救国救民的道路，他们先从器物层面的模仿学习开始，逐渐深入到体制和制度层面，但无论是"洋务运动"还是"维新变法"，无论是清末的"新政"还是民国的"宪政"，似乎都已时空错位，均以失败告终。实践证明，这些救国救民的逻辑已经不能和当时的历史发展相一致，西方式的制度也不可能成为拯救中国的制度形态，必须探索新的道路和新的制度形态。历史和人民最终选择了在中国共产党的领导下走社会主义道路，在中国建立社会主义制度形态，这是解决中国制度困境的唯一出路。在西方侵略的刺激下，器物层面的模仿学习和对僵化落后体制的突破客观上解放了一定的生产力，到20世纪中叶，中国生产力的发展水平已经使得建立社会主义制度形态成为可能，而其他历史条件（特别是意识形态和实践形态）都促使建立这一制度形态的"历史的合力"形成。

中国特色社会主义制度形态就是在经济文化比较落后的历史条件制约下社会主义制度形态的具体化（抽象—具体）。如何在经济文化比较落后的基础上建立起"具体"的社会主义制度形态，继续开展走向"物质生产极大丰富，人自由而全面发展"的未来社会形态的社会主义"运动"，是摆在中国共产党人和广大人民群众面前的历史任务。经过新民主主义革命时期的最初探索，中华人民共和国成立后从模仿苏联制度形态到"以苏为鉴"，再到"文化大革命"的惨痛教训，中国共产党人逐渐认识到建立"具体"的社会主义制度形态首先要搞清楚当代中国所处的历史方位，于是社会主义初级阶段理论应势而出，中国特色社会主义制度形态终于有了站立的历史基点。因为，准确地认识和把握我国所处的历史方位是我国进行符合国情的制度构建的前提。社会主义初级阶段的生产力发展水平要求发展商品经济，利用"市场"这一手段来解放和发展生产力，并建立与这一阶段生产力水平相适应的经济基础，这在社会主义发展史上没有先例，没有现成的模式和方案可以套用。中国共产党带领人民群众创造性地引入现代市场经济体制，建立了社会主义性质的市场经济体制，确立了公有制为主体、多种所有制经济共同发展的基本经济制度，奠定了我国制度形态的经济基础，同时也形成了我国制度形态构建的逻辑起点。

随着时间的推进，中国特色社会主义制度形态在与其理论形态、实践形态以及文化形态的互动中逐渐演进、发展，制度绩效和制度优势逐渐显现，我国社会生产力和综合国力极大提高，财富总量不断攀升，十几亿人的温饱问题已经解决，为世界范围内的脱贫工作做出了巨大的贡献，到2020年，我国全面建成了小康社会，"发展起来"的问题逐步得到解决。但是，中国特色社会主义进入新时代以后，我国社会的基本矛盾逐渐发生转化，社会主义初级阶段又呈现出新的阶段性特征，人民对美好生活的需要日益广泛，"发展起来以后"的问题提上日程。习近平总书记在党的十九大报告中指出："经过长期努力，中国特色社会主义进入了新时代，这是我国发展新的历史方位。"①"我国社会主要矛盾已经转化为人民日益增长的美好生活需要和不平衡不充分的发展之间的矛盾。"② 并强调："我国社会主要矛盾的变化，没有改变我们对我国社会主义所处历史阶段的判断，我国仍处于并将长期处于社会主义初级阶段的基本国情没有变，我国是世界最大发展中国家的国际地位没有变。"③ 这一重大论断蕴含着深邃的唯物辩证法思想，深刻揭示了社会主义初级阶段进入新发展阶段的实际和社会主要矛盾的转化，再一次科学地、准确地把握了我国所处的历史方位。中国特色社会主义制度形态的发展与完善必须始终站在社会主义初级阶段这一历史基点上，脱离了这一历史基点也就脱离了实际，一切制度设计和制度安排也将会成为空中楼阁，同时也要清醒地认识"中国特色社会主义进入新时代"这个新的历史方位，更加准确地把握社会主义初级阶段不断变化的新特点，不断推进国家治理体系和治理能力现代化。

---

① 《党的十九大报告辅导读本》编写组. 党的十九大报告辅导读本 ［M］. 北京：人民出版社，2017：10.
② 《党的十九大报告辅导读本》编写组. 党的十九大报告辅导读本 ［M］. 北京：人民出版社，2017：11.
③ 《党的十九大报告辅导读本》编写组. 党的十九大报告辅导读本 ［M］. 北京：人民出版社，2017：12.

二、中国特色社会主义制度形态的形成逻辑

正如习近平总书记指出的："我国今天的国家治理体系，是在我国历史传承、文化传统、经济社会发展的基础上长期发展、渐进改进、内生性演化的结果。"① 中国特色社会主义制度形态作为我国现阶段所特有的制度形态，其形成与发展遵循着自然的、历史的逻辑，是一个自然的、历史的过程。所谓自然逻辑，即一种制度形态在形成与发展过程中所必然遵循的不以人的意志为转移的必然逻辑；所谓历史逻辑，即中国共产党带领人民群众主动作为的实践逻辑。自然逻辑要求人们必须一切从实际出发，尊重客观规律，特别是尊重中国正处于并将长期处于社会主义初级阶段这个最大的实际，站在这个历史基点上构建"具体"的社会主义制度形态。历史逻辑告诉我们人民群众是历史的创造者，要在依靠广大人民群众的基础上深化对人类社会发展规律和社会主义建设规律的认识，进而积极主动地开展构建社会主义制度形态的社会主义运动。总之，我国制度形态的构建是尊重客观规律与发挥主观能动性的统一，是自然逻辑与历史逻辑的一致。

具体来讲，中国特色社会主义制度形态的形成是科学社会主义基本原则与中国实际相结合的产物，是发展着的马克思主

---

① 习近平. 习近平谈治国理政：第一卷［M］. 北京：外文出版社，2014：105.

义理论逻辑与中国经济社会发展历史逻辑的一致，是"具体—抽象—具体"的思维逻辑在理论与实践中的展开。首先，理念总是先于制度在人们的头脑中形成（尽管这种理念来自旧有制度形态中的实践），中国特色社会主义制度形态的演进与其背后的理论演进相一致，有着完整的理论逻辑。马克思主义制度理论是中国特色社会主义制度形态形成的源头，包括唯物史观关于社会形态和社会制度的观点以及马克思、恩格斯、列宁有关制度的论述；科学社会主义基本原则是其形成的基石，包括生产力原则、生产关系原则、过渡时期原则及最高纲领原则等；毛泽东的制度思想是其形成的准备，包括社会主义基本矛盾论及社会主义制度的自我完善与发展理论；中国特色社会主义理论体系是其形成的指南，包括改革开放理论、市场经济理论、社会主义初级阶段理论、党的建设理论、科学发展观、治国理政新理念、新思想、新战略等；党的十九大写入党章的习近平新时代中国特色社会主义思想，作为中国特色社会主义理论体系的组成部分，是其进一步完善和发展的新指南。理论的发展体现出对必然规律认识的深化，也体现出构建社会主义制度形态实践经验的积累。其次，历史是制度形态必然要经历的过程，我国制度形态的形成有其历史逻辑。近代以来中国人民追求合理社会制度形态的最初尝试到新民主主义革命时期中国共产党的制度探索，从中华人民共和国成立初期国民经济恢复时期的过渡时期制度形态到社会主义基本制度形态的确立，再到改革开放以来的丰富实践，都为中国特色社会主义制度形态的形成提供了宝贵经验和现实土壤。随着实践的发展，对社会主义建设规律的认识逐渐深化，中国特色社会主义制度形态也日趋"具体"。最后，中国特色社会主义制度形态的形成符合理论、认识与实践互动的逻辑。社会发展的现实问题和独特的文化传统是当代中国最大的实际，经济文化相对落后的中国迫切需要先进的、科学的理论指导，而中华优秀传统文化中"天人合一""大公无私"、集体主义等观念在很大程度上与科学社会主义的价值取向相一致。因此，我国制度形态是社会主义制度形态理论逻辑与我国发展现实相结合的产物，同时也是马克思主义意识形态与中华优秀传统文化相契合的产物，而这种"结合"和"契合"是通过实践这一中介完成和检验的。在具体实践中，无论是自上而下还是自下而上①，无论是强制性变迁还是诱致性变迁②，无论是主动学习还是内在行动，或是内部规则与外部规则的互动冲突与协调③，抑或是对传统文化的

---

① 学者林毅夫从制度供给和需求的角度，把制度变迁划分为自下而上的诱致性和自上而下的强制性两种方式。参见刘刚. 中国制度变迁和演化路径的多样性 [J]. 南开学报（哲学社会科学版），2007（5）：46-57.

② 张艳娥认为党和政府主动学习的创新逻辑，社会大众基于利益关系和观念意识而形成的强大的内在行动逻辑，以及党政主体对社会主体内在逻辑的退让和兼容构成了中国特色社会主义制度能自我完善的重要内在动因。参见张艳娥. 中国特色社会主义制度自我完善能力的内在逻辑探析 [J]. 科学社会主义，2016（4）：95-100.

③ 周业安认为中国的制度变迁实际上是内部规则与外部规则的不断冲突和协调的演化过程。参见周业安. 中国制度变迁的演进论解释 [J]. 经济研究，2000（5）：3-11，79.

路径依赖与反依赖，均体现出唯物辩证法中"实践—认识—再实践—再认识"、"从群众中来到群众中去"、认识与实践的良性互动逻辑，也是思维中"具体—抽象—具体"的逻辑在现实中的展开。

在生产力水平和经济文化还比较落后的发展阶段，由于不具备消灭阶级和国家自行消亡的条件，所以必须保留国家制度和政治制度，并且先建立起社会主义性质的国家制度和政治制度，只有这样才能进一步创造条件确立社会主义性质的经济制度和文化制度，这是一个自然的过程，也是一个具有普遍意义的过程。另外，我们必须先确立起中国特色社会主义制度的基本框架，以进一步发展和完善各项具体制度和运行机制。这一过程的展开就是科学社会主义基本原则与中国实际相结合，在实践中实现中国特色社会主义制度形态"具体—抽象—具体"的过程。这一过程符合唯物史观的一般规律，但同时也具有我国制度构建的特殊性。《中华人民共和国宪法》明确规定"社会主义制度是中华人民共和国的根本制度"。"社会主义制度"是对社会主义理念、价值的具体化，但这一范畴本身是抽象的，必须上升到具体，而这一过程在中国要经历一个"二次抽象"的过程，即"科学社会主义基本原则（抽象）—科学社会主义基本原则结合中国实际（具体）—中国特色社会主义制度（抽象）—中国特色社会主义制度（具体）"① 的过程。根本政治制度、基本政治制度、基本经济制度等根本（基本）制度是对中国特色社会主义制度的具体化，建立在这些制度基础上的经济体制、政治体制、文化体制、社会体制等各项具体制度是对这些根本（基本）制度的具体化。根本制度、基本制度、具体制度相得益彰，共同构成了中国特色社会主义制度独特的形态、体系，其中根本（基本）制度离社会主义价值取向较近，不应轻易改变，起码在社会主义初级阶段应该保持其"成熟与定型"，而具体制度与实际操作较近，可以不断地"完善与发展"。

综上，社会主义制度形态在中国的具体化，经历了一个"二次抽象"的过程，形成了中国特色社会主义制度形态。中国特色社会主义制度形态站在社会主义初级阶段这一历史基点上，创造性地走出了一条独特的制度构建之路，独特的经济制度形态的确立是其形成的逻辑起点。实践证明，改革开放的过程也是制度形态"具体化"的过程，从家庭联产承包责任制到土地"三权分置"制，从国有企业承包制改革到混合所有制改革，从经济体制层面的改革为主到涉及经济、政治、文化、社会、生态等各领域的全面深化改革，时至今日，这一过程正逐步由前半程转向后半程。在前半程中，中国特色社会主义制度

---

① 赵志强．对中国特色社会主义制度形态的思考［J］．中州学刊，2018（3）：6-11.

形态的基本框架已经形成，距离核心价值较近的根本（基本）制度已经基本"成熟与定型"，各项具体制度也在逐步走向完善，中国共产党人和广大人民群众对制度形态的认识逐步深化，制度设计也从"摸着石头过河"的阶段转向"摸着石头过河与顶层设计相结合"的阶段。在后半程中，完善与发展中国特色社会主义制度形态的关键就是要处理好根本（基本）制度与具体制度的关系，防止根本（基本）制度与具体制度的脱节。在现实中要自觉运用马克思主义中国化的最新理论成果——习近平新时代中国特色社会主义思想指导具体制度的构建，增强具体制度的价值指向，防止具体制度游离于核心价值，通过具体制度的创新发展增强根本（基本）制度的"公信力"和制度绩效，进而推进作为整体的中国特色社会主义制度形态"更加成熟、更加定型"。

第四章

中国特色社会主义制度形态的完善和发展

党的十八大以来，我国进入了全面深化改革开放的新时期，中国特色社会主义进入了新时代，我国制度形态也进入了发展完善期，制度构建和制度创新的目标更加明确、路径更加清晰、举措更加务实，"以制度建设为核心的全面深化改革"①的实践向纵深推进，制度体系更加完善，制度绩效日益显现，制度优势更加彰显，制度自信进一步增强。但是，我国社会主义现代化的任务尚未完成，我国制度形态需要进一步完善和发展。在深入总结历史和现实经验的基础上，进一步把握我国制度形态的发展规律和趋势，深化对其完善和发展的目标、路径、策略及重点的认识具有重要的意义。

---

① 王怀超. 当代中国改革进入新的发展阶段 [J]. 科学社会主义, 2013（6）: 10-18.

第一节　完善和发展的目标和路径

一、完善和发展的目标：制度现代化

所谓制度现代化，就是构建现代化的制度。现代化的制度是人类进入工业文明时代以来逐步建立的不同于农业文明时代的传统社会制度的制度形态。在中国，制度现代化不仅意味着对传统制度形态的否定，也意味着对另外一种既有的现代化制度形态——资本主义制度形态的否定，同时也意味着对传统社会主义制度形态的否定，是一条独特的具有中国元素的社会主义制度现代化道路。20 世纪 90 年代初，邓小平同志在南方谈话中提出："恐怕再有三十年的时间，我们才会在各方面形成一整套更加成熟、更加定型的制度。"[①] 1992 年 10 月召开的党的十四大提出："再经过二十年的努力，到建党一百周年的时候，我们将在各方面形成一整套更加成熟更加定型的制度。"[②] 可见，形成一套"成熟与定型"的制度是中国共产党带领人民群众从一开始建设社会主义就追求的目标。改革开放以来的不

[①]　邓小平. 邓小平文选：第三卷［M］. 北京：人民出版社，1993：372.
[②]　中国共产党第十四次全国代表大会文件汇编［M］. 北京：人民出版社，1992：55.

懈努力，中国特色社会主义制度形态的基本框架已经形成，并且党的十八大报告为其做了清晰准确的表述。但是，这个制度形态还需要继续"完善和发展"，中共十八届三中全会将"完善和发展中国特色社会主义制度、推进国家治理体系和治理能力现代化"确立为全面深化改革的总目标，中共十八届四中全会将"建设中国特色社会主义法治体系、建设社会主义法治国家"确立为全面推进依法治国的总目标，党的十九大再次明确了这两方面的总目标并将其写入了新修订的《中国共产党章程》。2021 年，在庆祝中国共产党成立 100 周年大会上，习近平总书记庄严宣告："我们实现了第一个百年奋斗目标，在中华大地上全面建成了小康社会，历史性地解决了绝对贫困问题，正在意气风发向着全面建成社会主义现代化强国的第二个百年奋斗目标迈进。"① 在制度建设的战略安排上，中共十八届三中全会明确提出到 2020 年，"在重要领域和关键环节改革上取得决定性成果"②"形成系统完备、科学规范、运行有效的制度体系，使各方面制度更加成熟更加定型"③。党的十九大报告明确提出了全面建设社会主义现代化强国分两个阶段的制度建设目标，即从 2020 年到 2035 年第一个阶段的目标是

---

① 习近平. 习近平著作选读：第二卷［M］. 北京：人民出版社，2023：476.
② 中共中央关于全面深化改革若干重大问题的决定［M］. 北京：人民出版社，2013：7.
③ 中共中央关于全面深化改革若干重大问题的决定［M］. 北京：人民出版社，2013：7.

"各方面制度更加完善，国家治理体系和治理能力现代化基本实现"①。从 2035 年到 21 世纪中叶第二个阶段的目标是"实现国家治理体系和治理能力现代化"②。改革的本质就是制度变革，改革的目标也就是我国制度形态完善和发展的目标。国家治理体系和治理能力现代化的实质就是全面实现国家制度现代化。

二、完善和发展的路径：坚持价值性、科学性及行动性的统一

改革开放以来，中国共产党确立了社会主义初级阶段的基本路线，40 多年来的改革实践及取得的成效充分证明了设定基本路线的重要性以及这条基本路线的正确性。同样，我国制度形态的完善和发展不仅需要清晰的目标，更需要清晰的路径。作为人类制度文明发展的最新成果及制度现代化的最新形态，我国制度形态的完善和发展必须始终坚持最为先进的价值取向和科学社会主义的基本原则，确保其始终朝着正确的方向前进；必须及时地、深入地总结经验和教训，不断深化对制度构建规律的理性认识，根据不断发展的实践积极推动理论创新，

①　中国共产党第十九次全国代表大会文件汇编［M］. 北京：人民出版社，2017：23.
②　中国共产党第十九次全国代表大会文件汇编［M］. 北京：人民出版社，2017：23.

确保其始终具有与时俱进的行动指南；必须深刻认识"社会主义社会"是"经常变化和改革的社会"，不断深化改革，不断革除体制机制弊端，确保其始终具有自我完善和发展的品格。总之，坚持价值性、科学性及行动性的统一是中国特色社会主义制度形态完善和发展的必然选择。

（一）价值引领，坚持原则：始终坚持科学社会主义价值取向与基本原则

本书在第一章第二节论述了科学社会主义的制度构建原则，这些原则既包括人的自由而全面发展的价值追求，也包括社会主义制度形态代替资本主义制度形态的历史必然性，同时还包括它的具体构建原则，即更高的生产力与生产资料的社会主义公有制相统一、有计划地组织生产与实行按劳分配、坚持无产阶级政党领导、社会主义制度构建要分阶段实施、社会主义制度是经常变化和改革的等。我国制度形态在完善和发展的过程中必须始终坚持这些价值和原则，确保始终朝着正确的方向前行。

首先，必须在深刻理解的基础上坚持"人的自由而全面发展"的价值取向。科学社会主义的价值取向不是建立在空想之上，也不是停留于"绝对理性"和"永恒正义"，而是建立在实践基础之上的行动指向。人是实践的主体，人民群众是历史的创造者，"全部人类历史的第一个前提"无疑是通过现实的人的自觉的实践来实现"有生命的个人的存在"。沿着实践的

逻辑，唯物史观进一步阐明了社会基本矛盾的运动规律，找到了社会发展的动因。生产力是最为活跃的因素，是推动社会发展的决定力量，作为劳动者的人本身就是生产力的要素之一，而且是生产力中的能动要素。因此，生产力的最终决定作用与人民群众是历史的创造者是高度统一的。随着时代的进步，人们越来越深刻地认识到制度的变革和创新对促进生产力发展和社会进步的重要意义，而制度的变革和创新依赖人民群众主体作用的发挥程度。因此，中国特色社会主义制度形态在完善和发展过程中，必须始终坚持"以人民为中心"的发展思想，即一是必须坚持辩证唯物史观的人民主体观思想，将尊重人民的主体地位和发挥人民的主体作用结合起来，充分调动广大人民群众，汇聚起磅礴的力量和创造力；二是在具体的制度构建、制度选择、制度创新过程中必须始终把人民摆在第一位，制度的导向要符合广大人民群众的根本利益，以人民的自由和发展为指向。

其次，必须正确理解并始终坚持科学社会主义的基本原则。科学社会主义的基本原则建立在唯物史观和剩余价值理论两大基石之上，是科学社会主义的创始人根据社会发展的一般规律并对资本主义基本矛盾进行分析后得出的科学结论，是对资本主义制度形态的否定（扬弃），是社会主义制度形态构建的根本遵循，中国特色社会主义制度形态在完善和发展的过程中必须始终坚持这些基本原则。其中，最主要的是坚持公有制的主体地位和坚持中国共产党的领导。一是必须从生产力与生产关系相统一的高度坚持公有制的主体地位不动摇。根据辩证唯物史观基本原理，生产关系从根本上决定了社会制度的性质，而生产资料的所有制形式又决定了生产关系的性质，因此，所有制是从根本上决定制度形态性质的制度。我国在社会主义初级阶段，由于生产力的发展水平还相对落后，不能像传统社会主义制度形态那样脱离生产力实际水平，片面追求单一的公有制经济，而必须坚持公有制为主体、多种所有制经济共同发展，同时必须进一步"发挥国有经济主导作用，不断增强国有经济活力、控制力、影响力"①。坚持公有制的主体地位不动摇就必须坚持按劳分配为主体的分配方式不动摇，从经济利益上保证并不断加强社会的公平正义。二是必须深刻认识"中国共产党领导"的制度属性，坚持并不断加强和改进党的领导。政党制度是现代化制度形态的基本特征之一，政党作为统治阶级的代理人直接体现谁掌握国家政权、谁占有生产资料，从而直接体现社会制度形态的性质。唯物史观关于生产关系的属性决定社会制度的属性的说法是运用高度抽象的方法，从归根结底的意义上阐述的。现实实践中，这两方面是统一的、不可分割的。中国共产党具有"两个先锋队"的性质，坚持党的领导与坚持公有制的主体地位是统一的，都是决定中国

---

①　习近平．习近平谈治国理政：第一卷［M］．北京：外文出版社，2014：78.

特色社会主义制度属性的内在规定。放弃公有制的主体地位，也就放弃了党的执政基础，放弃了党的领导，公有制的主体地位也就得不到保障。习近平指出："中国共产党的领导是中国特色社会主义最本质的特征。"① 党的十九大进一步明确必须"坚持党对一切工作的领导"。

（二）总结经验，把握规律：与时俱进推动制度理论创新

在中国构建社会主义制度形态，实际上就是把既代表人类崇高的价值追求的，又科学的、符合历史发展规律的社会主义理论应用于实践的过程，即马克思主义中国化具体化的过程。在这一过程中，必须坚持马克思主义的基本原理、科学社会主义的基本原则，因为这些基本原理、基本原则是指向人类终极价值追求、符合历史潮流并被实践反复证明的科学真理。但是，马克思主义不是教义，而是"行动指南"，是"活的行动理论"，它不是也不可能穷尽所有的真理，而是建立在实践哲学基础上、要求与时俱进的理论。恩格斯就曾经指出："马克思的整个世界观不是教义，而是方法。它提供的不是现成的教条，而是进一步研究的出发点和供这种研究使用的方法。"② 过去，无论是在革命时期还是建设时期，我们不仅深刻感受到成功的关键来自马克思主义与中国实际的结合，也深刻地领教

---

① 习近平. 习近平谈治国理政：第二卷［M］. 北京：外文出版社，2017：18.
② 中共中央马克思恩格斯列宁斯大林著作编译局. 马克思恩格斯文集：第10卷［M］. 北京：人民出版社，2009：691.

过教条主义和理论创新不足带来的危害，进入改革开放时期，我们更加注重不断推动实践基础上的理论创新。

不断推进实践基础上的理论创新是中国共产党带领人民群众在革命、建设、改革的过程中得出的一条基本经验，也是各项事业取得成功的重要法宝。在改革实践中不断总结经验，深化对社会主义建设规律、人类社会发展规律、共产党执政规律的理性认识，再将新的理性认识系统化为理论就是理论创新的过程。理论创新是制度创新的先导，我国制度形态的进一步完善和发展，中国制度现代化目标的实现，必须下大力气、加大力度推进理论创新。一是要加快对实践经验的总结，不断提升对社会主义制度构建的理性认识。中华人民共和国成立之初由于缺乏实践经验，我们借鉴苏联模式建立了传统的社会主义制度形态，经过几十年的发展，积累了正反两方面的经验和教训。1978年以来，我们又进行了40多年改革开放的实践，如今改革进入了深水区，中国特色社会主义制度形态的发展也进入了关键时期，改革的深入推进需要制度来保驾护航，制度的完善与发展也需要改革的进一步深化，这就需要我们更加系统地、深入地总结改革和制度建设的经验，进一步把握改革和制度建设的规律，不断形成新的理性认识。

二是要加快中国特色哲学社会科学的学科建设，特别是要加强政治经济学等学科的建设，为中国特色社会主义制度形态的完善和发展提供学理支撑。哲学社会科学与自然科学不同，带有意识形态性。哲学社会科学的水平，特别是与制度构建高度相关的政治、经济等领域的学科发展水平，会直接影响社会主义制度构建的进程。就目前的情况来讲，我国哲学社会科学的学科发展在"学术命题、学术思想、学术观点、学术标准、学术话语上的能力和水平同我国综合国力和国际地位还不太相称"①。在研究视角、研究范式、研究方法上缺乏原创性，甚至有些研究唯西方马首是瞻，不仅弱化了马克思主义在意识形态领域的指导地位，也严重脱离了中国的国情和实际，"跟在别人后面亦步亦趋，不仅难以形成中国特色哲学社会科学，而且解决不了我国的实际问题"②。因此，加快构建中国特色的哲学社会科学对于完善和发展中国特色社会主义制度形态具有重要意义。

三是必须始终坚持思想建党、理论强党，加快马克思主义学习型政党建设，提升广大党员干部的理论思维和理论水平。中国共产党是社会主义事业的领导核心，是中国特色社会主义制度形态最主要的构建主体，党的理论创新更具有实践性、行动性。只有广大党员干部把马克思主义作为看家本领，不断提高运用这一看家本领来提高分析和解决实际问题的能力，才能汇聚起广大人民群众的智慧和力量，才能不断根据变化的实践总结经验，把握规律，推进实践基础上的理论创新，进而不断

①　习近平．习近平谈治国理政：第二卷［M］．北京：外文出版社，2017：338.
②　习近平．习近平谈治国理政：第二卷［M］．北京：外文出版社，2017：342.

提高制度构建的能力和水平。

（三）排除阻力，深化改革：不断解放思想，加大改革的力度

科学社会主义的价值取向和基本原则是制度构建的方向；总结过去的经验，深刻认识和把握制度构建的规律，形成新的理性认识是制度构建的思想准备和前提；而排除干扰和阻力，深入推进改革是实实在在的行动，是制度构建的生动实践。从某种意义上讲，改革就是人们积极地进行制度改进，推动制度变革的行为。[①] 中国特色社会主义制度形态的构建从改革开放开始，直接针对的是传统社会主义制度形态的弊端，经过 40 多年的发展历程，已经形成包括经济、政治、法律、文化、社会、生态等方面的，由根本制度、基本制度和具体制度不同层次构成的制度体系，它的"形态"已经基本成熟、基本定型，制度绩效更加凸显，制度自信更加坚定。但是，改革的任务还没有完成，而且改革开放 40 多年来快速发展的过程中也积累了许多由于改革所引起的体制机制弊端，这些都迫切需要开启新一轮改革来克服。

改革再出发，必须对于改革的若干问题进行再认识，做出理性的判断和分析。首先，改革是社会发展的动力，而社会基本矛盾是社会发展的原动力，改革本质上是改革不适应生产力

---

① 江必新，王红霞. 国家治理现代化与制度构建［M］. 北京：中国法制出版社，2016：202.

发展的经济基础和上层建筑，不断解放和发展生产力的过程，是不断解决社会矛盾推动社会发展的过程。生产力与生产关系、经济基础与上层建筑之间的矛盾运动是推动人类社会发展的一般规律，但是在不同的社会和不同的发展阶段呈现出不同的特点，具有不同的表现形式，因此，深刻认识和把握不同发展阶段的社会主要矛盾就成为正确推动改革的前提条件。关于我国社会主要矛盾的概括，从党的八大做出了正确判断："我们国内的主要矛盾，已经是人民对于建立先进的工业国的要求同落后的农业国的现实之间的矛盾，已经是人民对于经济文化迅速发展的需要同当前经济文化不能满足人民需要的状况之间的矛盾。"[①] 到中共十一届六中全会，我国的主要矛盾转变为"人民日益增长的物质文化需要同落后的社会生产之间的矛盾"[②]。中国特色社会主义进入新时代，这一表述已经不能客观地反映现实。从需求侧看，人民不仅对物质文化生活提出了更高要求，而且在精神生活方面的需求日益增长，追求社会的公平正义与和谐安全，更加追求幸福的体验，更加追求生存环境的改善。而从供给侧看，我国的经济实力和科技水平总体上显著提高，GDP 总量和社会财富不断积累和攀升，而更加突出的问题不再是"寡"而是"不均"，因此，党的十九大提出，

---

① 中共中央文献研究室．建国以来重要文献选编：第九册［M］．北京：中央文献出版社，1994：341.
② 中国共产党中央委员会关于建国以来党的若干历史问题的决议［M］．北京：人民出版社，1981：54.

"我国社会主要矛盾已经转化为人民日益增长的美好生活需要和不平衡不充分的发展之间的矛盾"①。矛盾只是发展的动因，解决矛盾事物才能向前发展，而改革的作用就是解决不断出现的矛盾，旧的矛盾被解决，新的矛盾又会出现，矛盾永远不会消失，改革永远在路上。

其次，要深刻理解改革的目的与社会主义价值的一致性。改革的最终目的是通过完善制度来解放生产力、发展生产力，而社会主义的本质也是如此，其最终目的是消灭贫穷，最终要消除两极分化，实现共同富裕，不断促进人的自由而全面的发展，满足人民群众对美好生活的需求。实际上，解放和发展生产力与人的自由而全面的发展的旨归是内在一致的，生产力要素本身就包含人，所以，解放和发展生产力也意味着人的解放和发展。过去，传统的体制严重束缚了生产力的发展，人民生活水平长期得不到改善，改革之初最为紧迫的问题是尽快提高生产的效率，只有"以经济建设为中心"，集中力量把经济建设搞上去，才能创造更多物质财富来满足人民基本的生活需求。随着改革的逐步推进，我国的经济建设取得了举世瞩目的成绩，但是也不得不承认，我们在发展中也出现了一些偏差，比如唯 GDP 现象、贫富差距拉大现象、资源浪费现象、生态污染现象、道德滑坡现象等。这些现象的背后反映出人们对

---

① 《党的十九大报告辅导读本》编写组．党的十九大报告辅导读本［M］．北京：人民出版社，2017：11.

"以经济建设为中心"的片面理解。"以经济建设为中心"的目的是提高人们的生活水平和幸福指数，实际上也是"以人民为中心"，二者具有内在一致性。同时，"以经济建设为中心"必须调动广大人民群众的积极性，发挥广大人民群众的首创精神，因为人民才是历史的创造者。党的十九大报告明确指出"人民是历史的创造者，是决定党和国家前途命运的根本力量""把人民对美好生活的向往作为奋斗目标，依靠人民创造历史伟业"。① 党的二十大强调："江山就是人民，人民就是江山。"② 总之，"以经济建设为中心"不是以经济建设为目的，"以人民为中心"也不是要否定"以经济建设为中心"，二者具有内在的一致性，体现了改革的本质与科学社会主义价值取向的一致性，在改革和制度构建的过程中必须始终将二者统一起来。

最后，要加强对改革的顶层设计，在保证稳定的前提下，破除一切改革阻力，加大改革的力度。经过 40 多年的实践，"改革的理论准备越来越充分，改革思路和目标越来越明确，改革的顶层设计已经日渐清晰，改革经验也越来越丰富，改革的措施越来越切合实际"③。但是，改革进入了深水区，需要

---

① 《党的十九大报告辅导读本》编写组．党的十九大报告辅导读本［M］．北京：人民出版社，2017：21.
② 《党的二十大报告辅导读本》编写组．党的二十大报告辅导读本［M］．北京：人民出版社，2022：41.
③ 王怀超，秦刚．科学社会主义基本原理［M］．北京：中共中央党校出版社，2017：133.

啃硬骨头，敢于涉险滩，改革的难度越来越大，风险也越来越大。改革最大的阻力恰恰就是改革的对象，也就是改革过程中所形成的体制机制弊端，这些体制机制弊端与其背后的既得利益集团相互作用，极大地限制了改革的推进。法国思想家托克维尔在其名著《旧制度与大革命》中阐述了改革引发革命，改革是革命的催化剂的"托克维尔定律"，尽管这一结论尚不够严谨，但它至少提醒人们必须注意和防范改革的风险。

今天的改革更具有挑战性，但改革中积累的体制机制弊端也只有通过改革才能革除，因此必须最大限度地凝聚改革共识，既要加强对改革的规划设计，又要汇聚起人民群众的力量，以更大的政治勇气和政治智慧推动改革，有效化解改革风险，确保中国特色社会主义制度不断完善与发展。

第二节　完善和发展的重点及策略

一、加快法治建设，推进国家制度现代化的骨干工程

中国传统制度形态下国家治理以"人治"为主要特征，行政化、官僚化、关系化较为突出，缺乏系统的制度化、体系化安排，即便有正式的法令条文，其执行与否以及执行的力度都存在很大的变数，人情世故胜过契约精神，潜规则胜过明规

则，并形成了一套与"人治"相适应的制度文化，一直深深地影响着我们今天的社会制度构建。西方发达国家的法治化建设起步较早，经过了几百年的发展，已经形成了较为成熟的现代化的法治体系，与其资本主义的市场经济体制和民主政治体制相适应，共同推动了西方国家的制度现代化进程。从中华人民共和国成立伊始，我国就非常重视法治建设，不断加强以宪法为核心的法律制度体系的构建，经过 70 多年特别是改革开放40 多年来的发展完善，终于形成了中国特色社会主义法律体系，取得了法治建设进程中具有里程碑意义的重大成就。但是，不能否认我国的法治建设还相对落后，还存在与现实发展要求不相适应的问题，还不能满足中国特色社会主义制度进一步完善和发展的需要，这就需要我们加快构建中国特色社会主义法治体系。

法治化是现代化的重要标志之一，也是实现国家制度现代化的重要支撑，中国特色社会主义制度形态的完善和发展必须加快推进法治建设，建立起现代化的法治体系。"法治体系是国家治理体系的骨干工程。"① 没有法治的现代化，就没有国家治理体系的现代化，实现国家制度现代化就是一句空话。因此，必须深刻认识中共十八届三中、四中全会所提出的全面深化改革总目标与全面推进依法治国总目标的有机联系；必须深

---

① 习近平. 习近平谈治国理政：第二卷 [M]. 北京：外文出版社，2017：119.

刻认识、高度重视法治建设在国家制度现代化构建中的重要地位；必须深刻认识我国的法治体系与我国的制度形态之间的关系。我们需要不断反思并着力抵制对传统制度文明中那些消极因素的路径依赖，也需要积极借鉴并批判吸收西方发达国家的法治建设经验，但最根本的就是必须立足中国国情，一切从中国的实际出发。一是必须把党的领导贯彻到依法治国的各方面和全过程，并不断提高党领导依法治国的能力和水平，特别是党员领导干部必须带头做尊法、学法、守法、用法的模范。二是必须坚持人民的主体地位，发挥人民群众在法治建设中的积极性和主动性，不断提高人民群众的法治意识，形成全社会的合力。三是必须着力推进科学立法、严格执法、公正司法、全民守法。四是必须加快形成更加完善的法律规范体系、法治实施体系、法治监督体系、法治保障体系和党内法规体系。

二、加快培育现代化的制度文化，形成制度建设的合力

制度文化即人内心的有关制度的观念系统，是制度的"内核"以及"灵魂"，是人们在制度的选择、设计、安排、实施、变迁过程中所形成的思想观念的总和，包含制度制定的原则、价值和理念等，① 也包含人们对制度的认同和制度执行的自觉意识。制度文化作为一种文化具有高度的历史性、继承

---

① 张西山. 中国特色社会主义的制度文化分析 [M]. 北京：社会科学文献出版社，2013；60.

性、民族性，同时也具有时代性、创新性；它既孕育制度，同时又是制度的内化；既来自人们的主动构建与创设，同时又具有自我演化的逻辑，对于一个国家的制度创设和制度执行具有深刻而持久的影响。旧制度可以彻底被新制度所取代，但是传统的制度文化不可能彻底消失，而新的制度文化的形成也不能隔断传统的制度文化，只能在传统制度文化的基础上创新、改造、转化。因为"人们自己创造自己的历史，但是他们并不是随心所欲地创造，并不是在他们自己选定的条件下创造，而是在直接碰到的、既定的、从过去继承下来的条件下创造"①。制度文化对于制度形态创设和演进的这种深刻而持久的影响，就是西方新制度主义学派的代表人物诺思所讲的"路径依赖"。根据"路径依赖"理论可知，一个国家的历史和文化传统特别是制度文化对于制度变迁具有巨大的影响力，只有将制度改革与制度文化的改革同步，协调处理好制度构建与传统制度文化的关系，既要注重符合国情和传统制度文化的土壤，又要注重有意识地培育符合现实需要的现代化的制度文化，制度构建才能步入良性的轨道。

　　健康积极的制度文化的培育、构建，不仅要基于我国的国情和文化土壤，对传统制度文化去粗取精、去伪存真，抑制"路径依赖"的负面效应，发扬其积极效应，还要处理好与当

---

① 中共中央马克思恩格斯列宁斯大林著作编译局．马克思恩格斯文集：第 2 卷 [M]．北京：人民出版社，2009：470-471.

代西方现代化制度文化的关系，既要积极借鉴吸收其科学合理的成分，也要认清其资本主义制度文化的本质及其制度缺陷，始终采取批判的、辩证的、扬弃的态度和方法来对待。近代以来，伴随工业文明与资本主义制度形态的发展，西方主导的现代化制度文化逐渐形成，自由、民主、平等、博爱等价值观念深入人心，市场经济、民主政治、公民社会等制度设计也"内化"于人心，这些逐渐成为制度现代性的主要特征。现代化是一个历史过程，现代性则是现代化过程中凝结的"现代"特性，具有相对稳定性。但是从长远看，随着现代化进程的推进，现代性也是一个不断发展变化的过程，对于现代性的定义也是不断演进的。我国制度形态完善和发展的过程就是中国制度现代化的过程，这一过程"是一个独特的'现代性的实现与超越过程'"①。现代性的实现就是对封建社会的传统制度文明的否定和超越，直接针对的是专制和人身依附等制度文化；而现代性的超越就是要超越当代西方资本主义制度形态的现代化路径及其定义的现代性，从更高层次上实现对自由、民主、平等、和谐等价值理念的追求。正如党的十九大报告所阐述的，"中国特色社会主义道路、理论、制度、文化不断发展，拓展了发展中国家走向现代化的途径"②。

---

① 张西山. 中国特色社会主义的制度文化分析［M］. 北京：社会科学文献出版社，2013：192.

② 《党的十九大报告辅导读本》编写组. 党的十九大报告辅导读本［M］. 北京：人民出版社，2017：10-11.

中国特色社会主义制度文化的培育必须坚持科学社会主义阐明的科学真理，立足中国国情，批判吸收西方制度文化的合理成分，实现对西方所定义的现代性的超越，为我国制度现代化的实现提供有力的支撑，同时也为人类制度文明的创新发展做出贡献。一是必须坚持科学社会主义在意识形态领域的指导地位不动摇，始终坚持其"一元主导"地位，坚决反对指导思想多元化。二是必须坚定不移走符合我国国情和实际的社会主义道路，既不走老路也不走邪路，在全社会培育和践行社会主义核心价值观，不断增强制度自信的文化营造。三是必须加快对中华优秀传统文化的创造性改造和转化，特别是要积极挖掘中国传统制度文化中的优秀遗产，创新融合现代化元素，加快培育具有中国本土特色的现代化制度文化。四是必须批判地认识和借鉴当代西方的制度文化，既要善于学习好的做法，也要善于从其经验中总结制度构建的一般规律，同时还要认清其阶级本质及制度缺陷，积极培育与我国制度形态相匹配的制度文化。

三、处理好一系列辩证关系，找准制度建设的着力点

中国特色社会主义制度形态的完善和发展还需要在深化对共产党执政规律、人类社会发展规律、社会主义建设规律认识的基础上，处理好一系列辩证关系，明确新时代下制度构建的着力点。这一系列辩证关系包括制度自信与制度创新、制度的

"成熟、定型"和"完善、发展"、制度的公平与效率、制度构建与制度执行建设、各项制度之间的耦合和协同等方面。

（一）处理好制度自信与制度创新的关系

制度自信是制度创新的前提和基础，规定着制度创新的价值和方向，制度创新是制度永葆生机活力和进一步增强制度自信的手段和途径。一方面，必须坚定制度自信。中国特色社会主义制度形态是中国社会制度从传统到现代的转型过程中历经曲折，最终由中国共产党带领人民群众经过艰辛探索才找到的正确的制度形态，是历史和人民的选择。它是中国实现制度现代化的独特形态，不仅是中国实现社会主义现代化和中华民族伟大复兴的制度保障，同时也是超越资本主义制度现代化路径的新型制度形态。这一制度形态以不断发展着的科学社会主义理论为指导，始终坚持价值性、科学性、实践性的统一，时至今日，这一制度形态终于使中华民族迎来了实现伟大复兴的光明前景。随着实践不断发展，"我们的制度必将越来越成熟，我国社会主义制度的优越性必将进一步显现，我们的道路必将越走越宽广"[①]。历史和现实都告诉我们，必须对我国制度形态秉持坚定的自信，特别是首先要坚定对我国政治制度形态的自信，防止犯颠覆性的错误。

另一方面，必须深化改革推动制度创新。坚持制度自信与

---

① 习近平. 习近平谈治国理政：第一卷［M］. 北京：外文出版社，2014：22.

推动制度创新是统一的，坚定制度自信必须推进制度创新，只有不断推进制度创新才能更加坚定制度自信。正如习近平总书记指出："制度自信不是自视清高、自我满足，更不是裹足不前、固步自封，而是要把坚定制度自信和不断改革创新统一起来，在坚持根本政治制度、基本政治制度的基础上，不断推进制度体系完善和发展。"① 在新的时代条件下，全面深化改革必须更加突出制度创新，以制度创新解决发展中问题，以制度创新突出制度优势、彰显制度绩效，从而更加坚定制度自信。在实践中必须处理好制度自信与制度创新的关系，"没有坚定的制度自信就不可能有全面深化改革的勇气，同样，离开不断改革，制度自信也不可能彻底、不可能久远"②。

（二）厘清制度的"成熟、定型"和"完善、发展"的关系

"成熟、定型"与"完善、发展"之间是辩证统一的关系，"完善、发展"是为了（有一套）"成熟、定型"（的制度），"成熟、定型"必须依靠"完善、发展"并且在"成熟、定型"后还需要继续"完善、发展"。"完善、发展"是事物量的积累，不改变事物的性质，着眼于中国特色社会主义制度形态发展的过程而言，是社会主义制度的自我完善与发展。"成熟、定型"是事物质的相对规定性，不排斥事物量变的延

---

① 习近平. 习近平谈治国理政：第二卷 [M]. 北京：外文出版社，2017：289.
② 习近平. 习近平谈治国理政：第一卷 [M]. 北京：外文出版社，2014：106.

续，着眼于中国特色社会主义制度发展的阶段性特征（结果）
而言，是我国制度形态以一种相对稳定的状态区别于其他社会
制度形态的表现。制度的"成熟、定型"主要是从抽象的意义
上来讲的，制度的"完善、发展"主要是从具体的意义上来讲
的。社会主义制度作为一种新的制度形态在人类历史上尚属首
次，这种社会制度形态的演进符合人类社会发展一般规律，是
一个从抽象到具体的过程，也是一个自然的历史的过程，既不
是被动地决定于自然法则，也不是超出现实生产力发展水平的
自由选择，而是在一定的社会历史条件和生产力发展水平制约
下由人民群众创造的。中国特色社会主义制度形态同任何新生
事物一样不是生来就完美的，也不会一经形成就固定不变成为
僵化的制度，而是会通过逐步形成、完善、发展在未来升级为
更高级的共产主义制度形态。经过改革开放 40 多年的发展，
中国特色社会主义制度已经基本成熟和定型，特别是在宏观层
面形成一整套比较固定的根本（基本）制度，但这种制度还需
要在基本框架不变的情况下进一步完善与发展，以求"更加"
成熟与定型，也就是说能够在未来的发展中立得住，能够在良
性自我更新中保持相对的稳定，成为现代社会中一项经过历史
和实践检验的、比以往主宰世界的资本主义制度形态更加先进
的制度形态。这种制度形态的成熟和定型指的是一整套符合实
际、历史和逻辑相统一、体现社会主义基本价值观的制度或者
制度体系的形成和基本框架的固定，而"更加"成熟和定型则

从根本上要实现制度设计与制度绩效的统一，即这种制度设计真正实现了制度设计者所追求的核心价值，体现了科学与价值的统一。只有深刻理解"完善、发展"与"成熟、定型"之间的辩证关系，才能够准确把握"完善、发展"的方向，进而准确界定"成熟、定型"的制度是什么样的制度。

（三）处理好公平与效率的关系

公平与效率是制度构建中基本的价值取向之一，也是当今人类在还未进入"物质生产力极大丰富"的时代时所必须面对的一对矛盾关系。资本主义制度形态作为人类进入工业文明时代以来首先出现的现代化制度形态，在西方国家成功实践，极大地解放了生产力，被实践证明是一种富有效率的制度设计，但是这一制度形态始终无法解决公平的问题，日益在世界造成贫富分化。而且，这种效率优先但无法兼顾公平的制度设计，最终以周期性的经济危机来获得自我平衡。当国内无法容忍危机时，一些西方国家就利用各种手段将危机转嫁到国外，甚至不惜使用武力。直到今日，这已经成为人类步入工业文明时代以来明显的特征之一。周期性经济危机的发生是由生产社会化与生产资料私人占有之间的矛盾所决定的，生产资料私人占有实质上决定了财富分配的不平等，实际上也是公平与效率之间的矛盾问题。危机发生时，会造成生产能力的巨大破坏，严重影响到效率的追求，实际上就是出现了公平对于效率的反作用，即严重的不公平最终阻滞了效率的提高。因此，公平与效率之间不是非此即彼的关系，也不是追求效率就一定影响公平，追求公平就势必牺牲效率的关系，而是可以相互作用、相互依赖、相互转化的辩证关系。我国制度形态作为社会主义性质的制度形态，是追求公平与效率相统一的制度设计。过去传统社会主义制度形态过分注重公平而牺牲效率，最终只能是贫穷的平均主义，难以体现社会主义的本质和制度优势。改革开放之初，生产力水平亟待提高，这是社会主要矛盾的主要方面，追求效率优先、兼顾公平的发展成为必然，这种取向的具体制度设计很容易实现"帕累托最优"，在实践中取得了巨大的成就。如今，我国社会主义建设进入了新时代，我国的经济实力和科技创新能力总体上提高了，社会财富和人民生活水平总体上提高了，"蛋糕"做大了，但是发展不平衡不充分的问题日益凸显，必须注意正确处理好公平与效率的关系，而且公平取向的制度设计有利于充分调动广大民众的积极性，从而反过来进一步提高效率，即追求公平不仅不会牺牲效率而且会促进效率的提升。

（四）处理好制度构建与制度执行的关系

制度的完善和发展不仅包括制度设计的科学规范和制度体系的完备，同时也包括制度运行的有效，这就需要处理好制度构建与制度执行的关系。缺少完善的制度体系，就难以实现制度现代化；缺乏制度的有效执行，同样不是制度现代化，制度建设与制度执行是一个有机的统一体。制度建设关系到国家治理体系的完善与否，而制度的执行情况关系到国家治理能力的高低，两者之间存在必然的联系。有了良好的国家治理体系，国家的治理能力才可能得到提高；反之，只有不断提高国家治理能力，国家治理体系的效能才能得到充分的发挥。中国特色社会主义制度形态是在新中国已经构建起它的基本框架并进行了二十多年建设的基础上，在改革开放历史时期开创的。经过新时代十年的发展，中国特色社会主义制度更加成熟更加定型，国家治理体系和治理能力现代化水平明显提高。从总体上来看，我国的制度建设和制度执行能力是适应我国国情和发展要求的，是充满活力的，也是具有巨大发展潜力的。但同时，"我们在国家治理体系和治理能力方面还有许多亟待改进的地方，在提高国家治理能力上需要下更大气力"①。尤其是由于受我国传统制度文化中"人治"思维的影响，有令不行，有禁不止的现象依然存在，下大力气加强制度执行力建设势在必行，加强制度执行的制度建设势在必行。加强制度执行力建设，一方面要聚焦"法治"，大力推进法治建设与执法能力建设，维护宪法权威，维护法律权威，努力构建具有现代性的"法治"社会；另一方面要将制度执行力建设与优秀传统文化的创造性转化结合起来，有机融合起来，平衡好、处理好契约关系与人情关系，在全社会形成崇尚明规则、抵制潜规则的健

---

① 习近平. 习近平谈治国理政：第一卷［M］. 北京：外文出版社，2014：105.

康氛围。

（五）处理好各项制度间的耦合和协同关系

我国制度形态的完善和发展是一项系统工程。经济、政治、文化、社会、生态等各项制度子系统既各自发挥独立的功能，又因相互作用、相互依赖而成为彼此发展的条件。随着全面深化改革的推进，改革的复杂程度和艰难程度都超过了以往，对各项制度子系统之间协同配合的要求越来越高，每一项制度的改革都会"牵一发而动全身"，这就要求各项制度之间能够相互兼容。因此，必须更加注重改革的系统性、协同性，更加注重各项制度间的耦合和协同，充分考虑经济、政治、法治、文化、社会、生态等各项制度间的辩证发展关系和内在协调性。今天学术界普遍的共识是，经济体制的改革已经走得很远了，"新的经济制度、财产制度、分配制度、交往制度已经基本确立，社会阶层结构已经发生了重大变革，人们的思想观念、行为方式以及价值观念都发生了深刻的变化"[1]，"下一步改革的重点应该是政治体制改革和社会管理体制改革"[2]，只有通过政治体制改革和社会管理体制改革才能解决经济领域中存在的问题。邓小平曾指出："政治体制改革同经济体制改革应该相互依赖，相互配合。只搞经济体制改革，不搞政治体制

---

① 王怀超，秦刚．科学社会主义基本理论［M］．北京：中共中央党校出版社，2017：134.

② 王怀超，秦刚．科学社会主义基本理论［M］．北京：中共中央党校出版社，2017：134.

改革，经济体制改革也搞不通。"① 习近平总书记也明确指出："如果各领域改革不配套，各方面改革措施相互牵扯，全面深化改革就很难推进下去，即使勉强推进，效果也会大打折扣。"②

第三节　党的十八大以来制度改革的进展

党的十八大以来，我国制度形态进入了新的发展阶段。以习近平同志为核心的党中央做出全面深化改革的重大战略部署，将完善和发展中国特色社会主义制度、推进国家治理体系和治理能力现代化确定为全面深化改革的总目标。党带领人民群众把制度建设摆在更加突出的位置，全面深化经济、政治、文化、社会、生态文明体制和党的建设制度改革。2019 年，中共十九届四中全会审议通过了《中共中央关于坚持和完善中国特色社会主义制度、推进国家治理体系和治理能力现代化若干重大问题的决定》，就坚持和完善各方面的制度、体制做出全面系统的部署。经过党的十八大以来的努力，我国国家制度体系中四梁八柱性质的主体框架基本确立，各方面制度更加成熟、更加定型，制度执行力和执行环境持续加强和改善，我国

---

① 邓小平. 邓小平文选：第三卷［M］. 北京：人民出版社，1993：164.
② 习近平. 习近平谈治国理政：第一卷［M］. 外文出版社，2014：88.

制度优势更好地转化为治理效能。

一、经济体制改革的创新发展

中国渐进式的制度改革最先从经济领域中开始，实现从传统的指令性经济体制到现代市场经济体制的转轨是经济体制改革的核心。1992 年，邓小平南方谈话充分阐明了计划与市场的关系，他说："计划多一点还是市场多一点，不是社会主义与资本主义的本质区别……计划和市场都是经济手段。"[1] 这一经典论述极大地解放了人们的思想并为党的十四大确立"社会主义市场经济体制"的改革目标做了理论准备。之后经过 20 多年的实践，我国已经初步确立起社会主义市场经济体制，但仍然存在不少的问题，如市场秩序不规范、生产要素市场发展滞后、市场规则不统一、竞争不充分等。而这根本的原因在于政府和市场的关系还没有完全理顺。"进一步处理好政府和市场关系，实际上就是要处理好在资源配置中市场起决定性作用还是政府起决定性作用这个问题。"[2] 中共十八届三中全会明确提出要使市场在资源配置中起决定性作用并更好地发挥政府的作用，这是经济体制改革的又一次思想解放，极大地推动了经济制度的创新发展。我国经济体制改革在这一新的理性认识的指引下，采取了一系列务实举措，不断加快政府职能转变、

---

[1]　邓小平.邓小平文选：第三卷［M］.北京：人民出版社，1993：373.

[2]　习近平.习近平谈治国理政：第一卷［M］.北京：外文出版社，2014：77.

构建现代市场体系，深化财税金融体制改革，健全和完善城乡一体化的体制机制，加快构建开放型经济体制，取得了一系列显著的成效。比如，在转变政府职能方面，以行政审批制度改革为突破口，大力推进"放、管、服"各项工作，进一步理顺政府与市场、政府与社会的关系，同时加大审批的透明度和公开性，进一步规范行政权力的运行机制。在财税体制改革方面，2014 年 6 月，中共中央政治局会议通过了《深化财税体制改革总体方案》，确定了改革重点并明确到 2020 年基本建立现代财政制度；同年 8 月，通过了素有"经济宪法"之称的《中华人民共和国预算法》；9 月，国务院出台了《关于深化预算管理制度改革的决定》并采取一系列举措推动实质性进展。税收体制改革也取得重大进展，"营改增"试点扩大范围，进一步加大了对实体经济的支持。同时，在行政审批制度改革和财税体制改革的带动下，价格体制、金融体制、农村土地制度、外向型经济体制等各方面体制机制改革协调推进。党的十九大报告明确提出建设现代化经济体系，进一步改革完善产权制度、国有资产管理制度、市场准入制度、商事制度、消费体制机制、投融资体制、税收制度、土地制度等多方面的要求，各方面的制度改革全面推进，不断取得新进展。中共十九届四中全会就"坚持和完善社会主义基本经济制度，推动经济高质量发展"做出全面部署。党的二十大对"构建高水平社会主义市场经济体制"做出明确部署。

二、政治体制改革的突破性进展

经济基础决定上层建筑，上层建筑反作用于经济基础，"一个国家的政治制度决定于这个国家的经济社会基础，同时又反作用于这个国家的经济社会基础，乃至于起到决定性作用"①。经济体制改革的深入进行必然要求政治体制改革相配套。邓小平曾经一针见血地指出政治体制改革的重要性，他认为"不改革政治体制，就不能保障经济体制改革的成果，不能使经济体制改革继续前进，就会阻碍生产力的发展，阻碍四个现代化的实现"②。改革开放以来，我国经济体制领域的改革已经走得很远了，而政治体制改革由于种种原因长期以来处于相对滞后的状况。党的十八大以来，以习近平同志为核心的党中央运筹帷幄，大刀阔斧推进政治体制领域的改革，迈出了坚实的步伐，取得了突破性的进展。改革紧紧围绕"党的领导、人民当家作主和依法治国有机统一"的原则展开，从全面从严治党、全面依法治国、不断健全人民民主等各方面全面发力，向纵深推进。

首先，中共十八届三中全会明确提出要推动人民代表大会制度与时俱进、健全各项制度和职能、完善人大工作机制，同时提出了以"广泛多层制度化"为方向来积极推进协商民主的

①　习近平. 习近平谈治国理政：第二卷［M］. 北京：外文出版社，2017：288.
②　邓小平. 邓小平文选：第三卷［M］. 北京：人民出版社，1993：176.

发展，同时在司法体制改革方面提出一系列的政策、举措。在实践中，人民代表大会制度建设把握重点积极推进，不断提高立法质量，及时依照宪法及相关法律对若干重要问题做出决定，不断增强监督工作的针对性、实效性，尊重代表主体地位的制度也更加完善。社会主义协商民主制度日益完善，全国政协确定重点协商议题日益制度化，创立了双周协商座谈会制度，每年召开20次左右的双周协商座谈会，经常性工作协商不断强化，各项规章制度更加健全完善。2014年6月，中央全面深化改革领导小组审议通过了《关于司法体制改革试点若干问题的框架意见》等一系列文件，决定在上海先行试点再逐步推开。与此同时，密集出台各项政策措施，分层落实部署，司法体制机制运行展现出新的面貌。涉法涉诉信访依法终结制度改革取得新进展，围绕防止冤假错案出台了一系列办法和措施，司法公开制度逐步健全，司法权力运行机制改革初见成效。2014年10月，中共十八届四中全会审议通过了《中共中央关于全面推进依法治国若干重大问题的决定》，提出一系列新思想新要求，这是我国推进法治建设和制度形态构建的重大战略。

其次，在民主、法治建设取得新成效的同时，全面从严治党取得重大进展。在反腐败斗争节节胜利，治标为治本赢得时间的情况下，以党章为核心的各项党内法律法规等各项制度建设不断健全和完善，把权力关进制度的"笼子"越扎越牢，权力监督与制约机制日渐形成。2016 年 11 月，北京市、山西省、浙江省先行开展国家监察体制改革试点，设立各级监察委员会；2017 年 10 月，中共中央办公厅印发《关于在全国各地推开国家监察体制改革试点方案》；2018 年 2 月 25 日，随着广西崇左市大新县监察委员会揭牌，全国 31 个省、自治区、直辖市和新疆生产建设兵团的各级监察委员会全部组建完成。①2017 年 11 月《中华人民共和国监察法（草案）》也公开征求社会各界意见。党的十九大报告明确提出要健全人民当家作主的制度体系，用制度保障人民当家作主。中共十九届二中全会通过《中共中央关于修改宪法部分内容的建议》，做出一系列制度设计，包括党的领导、人大、宪法宣誓、统一战线、国家主席任期、国务院管理、地方立法、监察等方面。中共十九届三中全会审议通过了《中共中央关于深化党和国家机构改革的决定》和《深化党和国家机构改革方案》，提出党和国家机构职能体系是中国特色社会主义制度的重要组成部分，明确了党和国家机构改革的目标。中共十九届四中全会明确强调坚持和完善人民当家作主制度体系，发展社会主义民主政治；坚持和完善中国特色社会主义法治体系，提高党依法治国、依法执政能力；坚持和完善中国特色社会主义行政体制，构建职责明确、依法行政的政府治理体系，并就各方面体制改革做出部

---

① 朱基钗，丁小溪，荣启涵. 重大进展！全国 31 个省区市监察委员会全部产生［EB/OL］. 新华社新媒体，2018-02-25.

署。政治体制改革迈着稳健的步伐，紧锣密鼓，压茬拓展。党的二十大再次强调发展全过程人民民主，健全人民当家作主的制度体系，加强人民当家作主的制度保障，坚持和完善我国根本政治制度、基本政治制度、重要政治制度。

三、文化、社会、生态等领域体制改革的全面推进

在经济体制改革发挥牵引作用，政治体制改革蹄疾步稳向前推进的同时，文化、社会、生态等领域体制改革全面发力、协调配合、多点突破，改革的系统性、整体性、协同性全面加强，改革的深度和广度空前拓展。在文化体制改革方面，党的十八大提出扎实推进社会主义文化强国建设的总要求，中共十八届三中全会对推进文化体制机制创新等方面做出重大战略部署。改革更加强调坚持和巩固马克思主义在意识形态领域的指导地位和以人民为中心的工作导向。各项具体改革扎实推进，国有文艺院团体制改革取得进展，文化领域简政放权力度持续加大，公共文化服务运行机制不断创新，文化企事业单位分类改革扎实推进，文化市场管理水平不断提高。2014年2月，中央全面深化改革领导小组第二次会议审议通过《深化文化体制改革实施方案》，一共列出25项、104条重点改革举措和工作，并明确了2015年、2017年、2020年三个时间节点的进度要求，确保改革落地、见效。此后根据该方案确定的时间表和路线图，密集出台文化体制配套改革的政策，在坚持把社会效益

放在首位，社会效益和经济效益相统一的前提下，深化文化体制改革向纵深推进。中共十九届四中全会明确强调坚持和完善繁荣发展社会主义先进文化的制度，巩固全体人民团结奋斗的共同思想基础，并就坚持马克思主义在意识形态领域指导地位的根本制度，坚持以社会主义核心价值观引领文化建设制度，健全人民文化权益保障制度，完善坚持正确导向的舆论引导工作机制，建立健全把社会效益放在首位、社会效益和经济效益相统一的文化创作生产体制机制等方面做出部署。

在社会体制改革方面，更加关注民生改善和人民群众的"获得感"。党的十八大提出要构建中国特色社会主义社会管理体系，加快形成"党委领导、政府负责、社会协同、公众参与、法治保障"的治理体制。中共十八届三中全会又针对社会事业改革创新等方面做出重要部署。中共十八届四中全会进一步提出推进社会治理体制创新法律制度建设。2014 年 7 月，国务院发布《关于进一步推进户籍制度改革的意见》，明确提出了户籍制度改革的时间表和路线图，户籍制度改革进入全面实施阶段。2015 年 10 月，中共十八届五中全会正式公布全面实施一对夫妇可生育两个孩子政策。同时，就业、教育、医疗、收入分配、社会保障、社会治理等各方面体制改革全面推进，深化扶贫体制改革，实施精准扶贫、精准脱贫政策，到 2020 年实现了现行标准下贫困人口全部脱贫，创造了人类减贫史上的奇迹。中共十九届四中全会明确强调坚持和完善统筹城乡的民生保障制度，满足人民日益增长的美好生活需要，并就健全有利于更充分更高质量就业的促进机制、构建服务全民终身学习的教育体系、完善覆盖全民的社会保障体系、强化提高人民健康水平的制度保障等方面做出部署。党的二十大着重强调了完善分配制度，构建初次分配、再分配、第三次分配协调配套的制度体系，健全社会保障体系等。

在生态文明体制改革方面，党的十八大明确提出："保护生态环境必须依靠制度。要把资源消耗、环境损害、生态效益纳入经济社会发展评价体系，建立体现生态文明要求的目标体系、考核办法、奖惩机制。"[①] 明确提出建立和完善国土空间开发保护、最严格耕地保护、水资源管理、环境保护、资源有偿使用、生态补偿、生态环境保护责任追究、环境损害赔偿等一系列制度，中共十八届三中全会进一步做出专门部署并强调要健全自然资源资产产权制度和用途管制制度、划定生态保护红线等。中共十八届四中全会提出要加快建立有效约束开发行为和促进绿色发展、循环发展、低碳发展的生态文明法律制度，要求建立健全土壤、水、大气污染防治及海洋生态环境保护和自然资源产权、国土空间开发保护、生态补偿等方面的法律法规。2014年，我国生态文明制度建设全面展开，《全国生态保护与建设规划（2013—2020年）》《中华人民共和国环境

---

① 胡锦涛.胡锦涛文选：第三卷［M］.北京：人民出版社，2016：646.

保护法》等一系列政策法规相继出台。2015 年 9 月，中共中央政治局审议通过了《生态文明体制改革总体方案》，生态文明体制改革的顶层设计出台，使我国生态文明建设水平迈上新台阶。党的十九大提出加快生态文明体制改革，建设美丽中国，推动形成人与自然和谐发展现代化建设新格局。中共十九届四中全会明确强调坚持和完善生态文明制度体系，促进人与自然和谐共生，并就实行最严格的生态环境保护制度、全面建立资源高效利用制度、健全生态保护和修复制度、严明生态环境保护责任制度等方面做出部署。

第五章

中国特色社会主义制度形态的优势分析

作为人类制度文明的一种崭新形态，中国特色社会主义制度形态是中国传统制度形态转向现代制度形态的伟大成果，它一经形成便具有了独特的优势。在庆祝中国共产党成立90周年大会上，胡锦涛对我国制度形态的优越性做了"五个有利于"的科学概括，即"有利于保持党和国家活力、调动广大人民群众和社会各方面的积极性、主动性、创造性，有利于解放和发展社会生产力、推动经济社会全面发展，有利于维护和促进社会公平正义、实现全体人民共同富裕，有利于集中力量办大事、有效应对前进道路上的各种风险挑战，有利于维护民族团结、社会稳定、国家统一"①。中共十九届四中全会科学概括了我国国家制度和国家治理体系十三个方面的显著优势：坚持党的集中统一领导，坚持党的科学理论，保持政治稳定，确

---

① 胡锦涛. 胡锦涛文选：第三卷［M］. 北京：人民出版社，2016：527.

保国家始终沿着社会主义方向前进；坚持人民当家作主，发展人民民主，密切联系群众，紧紧依靠人民推动国家发展；坚持全面依法治国，建设社会主义法治国家，切实保障社会公平正义和人民权利；坚持全国一盘棋，调动各方面积极性，集中力量办大事；坚持各民族一律平等，铸牢中华民族共同体意识，实现共同团结奋斗、共同繁荣发展；坚持公有制为主体、多种所有制经济共同发展和按劳分配为主体、多种分配方式并存，把社会主义制度和市场经济有机结合起来，不断解放和发展社会生产力；坚持共同的理想信念、价值理念、道德观念，弘扬中华优秀传统文化、革命文化、社会主义先进文化，促进全体人民在思想上精神上紧紧团结在一起；坚持以人民为中心的发展思想，不断保障和改善民生、增进人民福祉，走共同富裕道路；坚持改革创新、与时俱进，善于自我完善、自我发展，使社会始终充满生机活力；坚持德才兼备、选贤任能，聚天下英才而用之，培养造就更多更优秀人才；坚持党指挥枪，确保人民军队绝对忠诚于党和人民，有力保障国家主权、安全、发展利益；坚持"一国两制"，保持香港、澳门长期繁荣稳定，促进祖国和平统一；坚持独立自主和对外开放相统一，积极参与全球治理，为构建人类命运共同体不断做出贡献。本书结合独特的制度现代化路径，聚焦学理性的角度，从宏观层面集中阐释中国特色社会主义制度形态三方面的根本优势、六方面的具体优势。

第一节　中国独特的制度现代化路径

中国特色社会主义制度形态是我国实现制度现代化的产物，特殊的历史和国情决定了中国制度现代化的独特路径，它是在否定（扬弃）了中国传统社会制度形态、资本主义制度形态、传统社会主义制度形态的基础上形成的既具有现代化要素又符合中国国情的独特制度形态。分析中国特色社会主义制度形态形成的独特路径对系统分析其制度优势具有重要意义。

一、对中国传统社会制度形态的否定

制度现代化是现代化的一部分。我国的现代化进程起步较晚，是在西方现代化的影响下开启的，现代化的开启使我国步入从传统制度形态向现代制度形态的转型，这一过程充满了艰辛和曲折，经历了漫长的探索和实践，最终历史和人民选择了走社会主义道路，通过构建社会主义制度来实现对传统制度形态的否定和超越。生产力与生产关系，经济基础与上层建筑之间的辩证关系是辩证唯物史观所揭示的人类社会发展的一般规律。农业文明时代的生产力水平决定了世界上大多数国家都采用封建专制主义制度形态，但是具体的形式不同，中国传统制度形态以其独特的制度设计成就了"大一统"的国家形态结

构、孕育了绚烂的中华文化。但是，中国传统制度形态同样存在致命的缺陷：一是无法摆脱王朝更替的"历史周期律"，实质是无法摆脱周期性的"政治危机"，只能通过周期性的震荡来实现政权的更迭；二是具有极强的保守性和自我封闭性，无法实现制度的自我更新，在中国传统社会后期，制度负面的反作用凸显，导致生产力落后于西方，不仅迟滞了工业文明在中国的进程，同时也迟滞了民主制度的发展；三是采用与现代"法治"相违的"人治"的治国理政方式，往往使得人情世故凌驾于法律规则之上，形成了一种负面的文化。随着工业文明时代的到来，中国传统制度形态陷入了危机，从近代开始了传统向现代的转型，历经曲折，直到社会主义传入中国，中国的制度现代化道路才转入了正轨。

二、对资本主义制度形态的否定

正如《共产党宣言》中所阐述的："资产阶级在它的不到一百年的阶级统治中所创造的生产力，比过去一切世代创造的全部生产力还要多，还要大。"[①] 资本主义制度形态是人类现代化制度文明的一种形态，伴随着工业文明时代的到来而兴起，打破了人依赖人的、等级的、封建的制度形态，极大推进了人类民主化的进程并创造了巨大的物质财富。当代西方发达

---

① 中共中央马克思恩格斯列宁斯大林著作编译局．马克思恩格斯文集：第 2 卷 [M]．北京：人民出版社，2009：36．

国家的资本主义制度形态经过几百年的现代化进程，各方面的制度逐步成熟、定型，积累了丰富的经验，仍然体现出顽强的生命力。但是，资本主义制度形态并不是人类制度文明的"终结"，它所体现的现代性也不是"历史的终结"，因为资本主义制度形态无法克服其本身的基本矛盾，无法避免其制度缺陷：一是无法避免由生产社会化与生产资料的资本主义所有制之间的矛盾所决定的"历史周期律"，即周期性的经济危机的发生；二是资本主义制度下的民主始终不是普遍的民主，而是富人的民主，是形式上的民主，而不是实质上的民主，具有不彻底性，资产阶级民主制由于其生产资料占有上的私有制，因而不可能是"真正"的民主共和国；三是资本主义制度形态把人从"人对人的依赖"的社会中解放出来，却又使人陷入了"人对物的依赖"的社会，这与其在意识形态领域所标榜的"自由"背道而驰。中国制度现代化的过程由于历史和人民的选择，没有走上资本主义道路，而是选择了扬弃资本主义制度形态的道路，通过社会主义实现国家的制度现代化，而国家制度现代化又是全面实现社会主义现代化和中华民族伟大复兴的根本保障。全面建成小康社会后，我们已经开启全面建设社会主义现代化国家新征程，这自然也包括制度的现代化。我国的社会主义制度现代化不同于西方式的现代化，是符合人类社会发展规律和人类终极价值追求的现代化，是指向社会全面进步和人的自由而全面发展的现代化。我国的制度形态不仅是对西方主导的资本主义制度形态的否定，同时也将重新定义它所定义的现代性，是一种人类现代化制度文明的崭新形态。

三、对传统社会主义制度形态的否定

传统社会主义制度形态一般指的是苏联模式的社会主义制度形态，这一制度形态发源于苏联，在斯大林时期基本定型，曾经在苏东地区被广泛复制。二战结束后，欧亚一系列国家建立的社会主义制度大都借鉴了这一模式。在中华人民共和国成立后经过了短暂的经济复苏，也借鉴苏联模式开始了社会主义改造，并确立了单一的公有制格局，建立了苏联式的经济基础和经济制度，另外政治体制、文化体制等各方面也受到苏联模式的影响。传统苏联模式的社会主义制度形态是继社会主义实现从空想到科学的飞跃之后的又一次飞跃，是社会主义制度构建的第一次尝试，它的形成有其历史必然性，曾经在社会主义史上发挥了重要使命，彰显出社会主义制度形态的巨大优势，不仅为苏联等国家的经济社会发展做出巨大贡献，也对第二次世界大战的胜利和广大亚非拉国家实现民族独立具有非常深刻的影响。但是，传统社会主义制度形态脱胎于革命与战争的年代，建立于经济文化各方面相对落后的国家，而且当时的国际环境非常复杂，现实进程与马克思和恩格斯所估计的情形有很大的不同。同时，社会主义制度形态的构建不仅缺乏实践经验，而且与已经发展了数百年的资本主义制度形态对比，还缺

少更成熟的理论支撑。

一方面，马克思和恩格斯只是根据他们所处的历史时代得出了科学社会主义的基本原则并且设想了未来制度形态的基本轮廓，对于具体的社会主义制度形态构建的认识尚缺乏历史条件，马克思、恩格斯所处的时代不可能提供这些细节，而他们抽象出的这些社会主义制度形态基本原则的运用"随时随地都要以当时的历史条件为转移"①。尽管马克思和恩格斯一再声明不要把他们的学说当作教条，但是传统社会主义制度形态的构建深受教条主义的影响，片面地理解科学社会主义所阐述的基本原则，不顾现实生产力的发展水平，一味地追求"纯而又纯"的公有制的生产关系和经济制度，简单地、公式化地理解制度形态的构建，甚至教条式地理解无产阶级专政和阶级斗争，最终使社会主义制度的发展遭遇了重大的曲折。

另一方面，苏联模式的社会主义制度形态深受斯大林个人的影响，斯大林并没有继承列宁晚年关于社会主义制度构建的正确思想，而是把对社会主义的教条式理解和他个人的理解结合起来，最终形成了高度集中的政治、经济、文化制度形态，实质上是一种异化了的社会主义制度形态。中国特色社会主义制度形态所要实现的制度现代化目标不仅是对中国传统制度形态和对资本主义制度形态的否定，同时也是对传统社会主义制

---

① 中共中央马克思恩格斯列宁斯大林著作编译局. 马克思恩格斯文集：第 2 卷 [M]. 北京：人民出版社，2009：5.

度形态的否定，是根植于中国大地且指向现代化的制度形态创新。

第二节　中国特色社会主义制度形态的优势

我国制度形态始终以发展的科学社会主义理论为指导，始终坚持最广大人民利益的忠实代表——中国共产党的领导，始终坚持制度的自我完善与发展，将价值性、科学性、民族性、包容性融为一体，实现了制度从传统到现代的成功转型，超越了资本主义制度形态，突破了传统社会主义制度模式，特殊的历史形成过程使得这一制度形态具有独特的优势。这种优势是由制度设计本身所坚持的价值观和所依据的科学理论决定的，也是与其他制度形态所比较而显示出来的。本书认为我国制度形态的优势应从根本优势和具体优势两方面来分析。

一、中国特色社会主义制度形态的根本优势

制度形态的优势来自不同制度形态之间的比较，中国特色社会主义制度形态的根本优势就在于和中国传统社会制度形态、现代资本主义制度形态、传统社会主义制度形态相比，具有本质上的不同，制度设计的价值、理念，制度要解决的问题，制度所代表的社会发展趋势都完全不同。它的形成不可避

免地和以上三种制度形态存在或发生天然的联系，但又是基于规避以上三种制度形态的缺陷而构建起来的新型制度形态。社会主义价值理性与制度实践的统一、人民当家作主和中国共产党的领导是中国特色社会主义制度形态的三大根本优势。

（一）社会主义价值理性与制度实践的统一

求"善"是人类的终极价值理性，"善"的社会要求"善"的关系，"善"的关系要求"善"的、好的制度。制度作为人类社会特有产物，本质上是人们之间关系的反映，自从人类社会产生就在一定的制度形态下发展，从原始社会的制度形态到文明社会的制度形态，从传统文明社会制度形态到现代文明社会制度形态，经历了漫长的历史过程。但是长期以来，人类盲目地被社会发展规律所支配，人类追求自身发展和普遍的幸福、美好生活的"善"的价值理性并没有与具体的制度实践很好地统一。在农业文明时代，自由、平等、民主、法治、公平、正义等价值理性还未得到启蒙，人类长期处于封建制度的统治之下，人们之间存在人身依附的关系。资本主义制度形态的出现实现了人类制度史的重大进步，成功使人类制度形态实现了从传统到现代的转型，但同时也把人类带入了"物统治人"的时代，其标榜的价值理性也无法在其制度架构内实现。伴随资本主义制度形态形成和发展而出现的空想社会主义思潮，揭露了资本主义制度的社会弊端，但无法找出资本主义制度缺陷的根本原因，也没有找到制度变革的主体力量和现实路径。唯物史观的发现使人类认识到社会发展的一般规律，它深刻揭示了生产力发展与制度形态变迁之间的基本矛盾，并深刻分析了资本主义制度形态的发展状况，肯定了其进步作用及其所具有的现代性，也深刻揭露和批判了其制度缺陷，并进一步从理论上找到了价值理性与制度构建相统一的路径。这条路径就是在科学社会主义理论的指导下通过社会主义运动，否定（扬弃）资本主义制度形态，构建与人类价值理性高度统一的制度形态——社会主义制度形态。但是科学社会主义的创始人马克思和恩格斯并没有看到现实的社会主义制度形态，他们所生活的时代只为他们发现唯物史观和剩余价值，进而创立科学社会主义理论、找到人类价值理性与制度构建相统一的路径提供了条件，但是缺乏真正转化为现实的条件。

苏联建立了人类历史上第一个社会主义制度形态并一度显示出其制度优势，深刻影响了 20 世纪世界历史进程，但是这次制度创新的尝试最终因教条主义、模式僵化、放弃科学社会主义原则而失败。究其原因，是没有实现社会主义价值理性与制度实践的有机统一，将社会主义制度形态的构建简单化、公式化，逐渐演化成专制、独裁、缺乏活力、缺乏民主的制度形态，并强制向其他国家输出，形成霸权主义和大国沙文主义，这些都与社会主义价值理性背道而驰，实质上是社会主义制度形态的异化。中国特色社会主义制度形态是中华民族在经历了社会制度由传统向现代转型的剧痛和灾难，经历了探求不同形态的社会制度的失败后，在历史和人民的选择下，由中国共产党带领人民群众经过艰辛的探索逐步构建起来的。它始终以马克思主义实践哲学为世界观和方法论，坚持历史唯物主义和辩证唯物主义，并以发展的科学社会主义——中国特色社会主义理论为指导，在坚持基本原则和价值理性的基础上，不断解放思想、实事求是、与时俱进、求真务实，成功实现了社会主义价值理性与制度实践的统一，将"善"的理性与制度、理念与现实、理论与行动、此岸与彼岸在实践的基础上很好地统一起来。从这个意义上讲，中国特色社会主义制度形态超越了以往任何制度形态的设计，具有无比广阔的发展前景，社会主义价值理性与制度实践的统一是其最根本的制度优势之一。

（二）人民当家作主

民主的本意是人民当家作主。民主是现代化制度文明的本质特征，现代制度形态与中国传统社会制度形态的本质区别就在于以"民主"取代了"专制"。在封建制度下，人民无法主宰自己的命运，被森严的等级制度所束缚，自由、平等对于广大人民群众来说遥不可及，无论是在东方还是西方，无论是君权专制还是神权专制，无论是贵族统治还是官僚统治，广大人民群众的发展权力都得不到保障，更谈不上当家作主参与国家和社会事务的管理。历史演进到近代，生产力的发展催生了资本主义生产关系的产生，西方新兴的阶级——资产阶级首先推翻了封建等级制度，构建起人类制度史上第一种民主制度形态——资本主义制度形态，在民主进程上取得了巨大的进步，从而也使得资本主义制度形态具有了现代性。但是，近现代历史的发展实践证明，资本主义制度形态下的民主只是从专制向民主迈进了一步，还不是真正的民主，而资本主义制度形态的根本缺陷也使得真正的、实质上的、结果上的民主不可能实现，而是逐渐演化成为一种形式上的、程序上的民主，当家作主的不是人民，而是资本。资产阶级取代了封建地主阶级成为新的统治阶级，用表面上、形式上的民主掩盖了实际上的资本的专制，并将人类社会引向了"商品拜物教"的时代，人与人之间关系"采取了物与物的关系的虚幻形式"。① 总之，发源于西方的资本主义制度形态不可否认地推进了人类的民主进程，并积累了许多可以借鉴的制度构建经验，但是这一制度设计距离真正实质意义上的民主还有很大差距，更谈不上是"历史的终结"。当代西方话语体系一谈到民主就是选举、多党轮流执政、"三权"分立等程序性设计，既避谈其背后的阶级本质，也不谈民主的真正本质，仿佛这些本质上维护资产阶级利益的制度程序设计本身就是民主；这些制度设计被包装起来在全世界到处推广，逐渐形成所谓的"民主原教旨主义"②，其

---

① 中共中央马克思恩格斯列宁斯大林著作编译局. 马克思恩格斯文集：第5卷[M]. 北京：人民出版社，2009：90.

② 著名学者张维为将基于西方话语体系的民主称为"民主原教旨主义"。他认为相较于西方民主，中国自己探索的民主道路更加成功。就在西方强调"形式"和"程序"的同时，中国却把更多注意力放在了"实质"和"结果"上。

实质是一种异化的民主制度形态。相比之下，中国特色社会主义制度形态更加关注民主的本质，在制度设计和制度实践中更加注重实质上和结果上的民主。《中华人民共和国宪法》明确规定我国是"工人阶级领导的、以工农联盟为基础的人民民主专政的社会主义国家"，"中华人民共和国一切权力属于人民"。人民民主专政就是我国的国体，体现了国家的性质，是我国最根本的制度，这就从宪法和国家最根本的制度上规定了民主的本质——人民当家作主。为逐步实现这一目标，我国构建起一套比较成熟完善的根本政治制度和基本政治制度，同时在具体的制度运行和程序设计方面，不仅健全和完善选举制度，还创造了中国特色的协商民主制度，不断围绕民主的本质建立广泛多层的实现形式，选举民主、协商民主、党内民主相互结合，有机统一。因此，人民当家作主是中国特色社会主义制度形态的又一根本优势，它是超越西方式民主制度形态的中国方案。

（三）中国共产党的领导

党的十九大报告明确指出："中国特色社会主义最本质的特征是中国共产党领导，中国特色社会主义制度的最大优势是中国共产党领导。"[①] 从学理和逻辑的角度看，中国共产党的领导也是中国特色社会主义制度形态的根本优势之一，它与社会主义价值理性、人民当家作主的原则本质是一个不可分割的

---

① 《党的十九大报告辅导读本》编写组．党的十九大报告辅导读本［M］．北京：人民出版社，2017：19-20.

整体，有机统一于我国制度形态之中。坚持社会主义和人民民主就必须坚持党的领导，只有坚持党的领导才能真正实现社会主义和人民民主。社会主义、人民民主、党的领导三者有机统一，共同构成了我国制度形态最根本的制度优势。中国共产党领导的根本优势是由其历史地位、性质和特点等决定的。首先，中国共产党的领导是近代以来中国人民探索建立先进社会制度形态过程中做出的正确选择，也是历史发展的必然结果。中国共产党以为中国人民谋幸福、为中华民族谋复兴为己任，带领人民群众推翻了"三座大山"，建立了新中国，结束了辛亥革命成功后旧制度崩溃而新制度又未能成功建立起来的失序状态，继而确立了社会主义基本制度并在改革中不断发展和完善，最终形成了中国特色社会主义制度形态，使中华民族迎来了伟大复兴的光明前景。是党领导人民找到了先进的制度形态，作为内在规定的中国共产党的领导也是我国制度形态存在和发挥其优越性的最大优势。

其次，唯有坚持党的领导才能保证超越西方式的、资本主义的民主，真正实现人民当家作主的民主本意。政党制度是现代制度形态超越传统制度形态的重要特征，根据马克思主义基本原理，在阶级和国家消亡之前，政党制度将长期存在。政党是一种社会政治组织，是一定阶级、阶层或集团的利益和意志的集中代表。① 西方式的民主制度形态避谈制度的阶级属性，以资产阶级政党轮流执政和形式上的选举权代替参与权来掩盖其伪民主的本质，背后的实质永远是金钱政治和资本逻辑，是资产阶级内部不同派别之间的游戏，这种游戏甚至会超越国界，由世界各国大多数人民群众为其买单。无论采取什么手段和形式，西方政党都是资产阶级的代理人和代言人。《中国共产党章程》明确规定"中国共产党是中国工人阶级的先锋队，同时是中国人民和中华民族的先锋队"②。党的性质决定了其必须始终代表最广大人民的利益，是人民的代理人、代言人，坚持党的领导，超越西方式的现代民主制度就有坚强的保障。

最后，中国共产党是世界上最大的政党，也是不断注重自身建设的马克思主义学习型政党，还是能够在长期执政条件下实现自我革命的政党，我们党治国理政能力和水平不断增强，具有世界上其他政党无可比拟的优势。经过 100 年艰苦奋斗，我们党不断发展壮大，截至 2023 年 12 月 31 日，中国共产党党员总数为 9918.5 万名，比 2022 年年底净增 114.4 万名，党的基层组织 517.6 万个，比 2022 年底净增 11.1 万个，③ 是名副其实的世界第一大党。2017 年 10 月 25 日，习近平总书记指出："我们党是世界上最大的政党，大就要有大的样子，同时

---

① 王怀超，秦刚．科学社会主义基本理论［M］．北京：中共中央党校出版社，2017：57.
② 中国共产党章程［N］．人民日报，2022-10-27（1）.
③ 新华网．中国共产党党内统计公报［EB/OL］．人民网，2023-06-30.

大也有大的难处。"① 长期以来我们党不断推进党的建设伟大工程，不仅形成了包括全国各级党校体系在内的一整套学习制度，为党始终保持先进性奠定了制度基础，同时也不断推进反腐败斗争，特别是党的十八大以来，以习近平同志为核心的党中央勇于直面问题，以强有力的措施正风肃纪、反腐惩恶，"使党经历了革命性锻造"②，确保党始终能够保持先进性和纯洁性，凝聚起党心和民心。随着各项改革的推进，制度化反腐机制逐渐形成，一个能够实现自我革命，执政能力和执政本领不断增强的政党日益成熟，这使得中国特色社会主义制度与其他任何制度形态相比具有无可比拟的巨大优势，为我国实现现代化建设目标和民族复兴提供了坚强的保障。

二、中国特色社会主义制度形态的具体优势

我国制度形态的三大根本优势也是我国制度形态区别其他制度形态最本质的特征。这三大根本性的制度优势与制度现代化过程中的一般经验，包括资本主义制度形态的成功经验（市场化、法治化、开放化等）有效结合，派生出一系列具体优势。这些具体的制度优势包括有利于更大程度上解放和发展生产力，更富有效率；有利于人民享有更真实的人权和自由，更

---

① 习近平.习近平著作选读：第二卷［M］.北京：人民出版社，2023：105.
② 《党的十九大报告辅导读本》编写组.党的十九大报告辅导读本［M］.北京：人民出版社，2017：15.

注重公平；有利于形成治国理政的强大合力，更具有聚合能力；有利于进行长远发展规划，更顾及长远利益；有利于保持社会稳定和民族团结，更具有稳定性；有利于承担国际责任和实现共赢，更具有包容性等。

（一）有利于更大程度上解放和发展生产力，更富有效率

邓小平曾谈道："如果不能比资本主义国家发展得更快，就无法证明我们的制度的优越性。"① 改革开放 40 多年的实践和发展成就证明，中国特色社会主义制度形态能够在更大程度上解放和发展生产力，更富有效率和活力。公有制为主体、多种所有制共同发展的基本经济制度和社会主义市场经济体制的成功确立，极大地增强了社会活力，提高了人民群众的积极性和创造性；政治上的民主集中制、共产党执政多党参政、协商民主、基层自治等独特的制度设计在提升决策科学性的同时显示出极高的决策效率；中国共产党强大的社会动员能力、集中力量办大事的制度条件都能够使得认准了事就大胆闯、大胆干，不过多地争论，不耗费无谓的时间和精力。有学者指出，中国的这套体制是一个很高效的体制，大家如果能和谐相处，就会有很高的产出。②

---

① 傅高义. 邓小平时代［M］. 冯克利，译. 北京：生活·读书·新知三联书店，2013：230.
② 赵启正，约翰·奈斯比特，多丽丝·奈斯比特. 对话：中国模式［M］. 北京：新世界出版社，2010：33.

（二）有利于人民享有更真实的人权和自由，更注重公平

公平公正的制度设计是广大人民群众实现个人权利和自由的保障。在传统的封建等级制度形态下，人民的人权和自由得不到保障；现代资本主义制度形态虽向民主迈进了一步，但终究是一种异化的制度形态，自由、平等和人权已成为掩护资本逻辑的口号。人类今天仍处于生产力不够高度发达和受资源约束的时代，每个人平等的发展权利和自由受到很大的限制，绝对的公平难以实现，相对的公平却是可以通过科学的制度安排来实现的，公平的制度设计仍是一种稀缺资源。资本主义制度几百年的发展充分证明其事实上不是一种公平的制度设计。中国特色社会主义制度形态的社会主义性质决定了其更加公平、公正的价值取向，"每个人的自由发展是一切人的自由发展的条件"[①]，社会主义就是要在解放和发展生产力的基础上最终实现共同富裕，不断促进所有人的全面发展，使广大人民群众享有更真实的人权和自由。公平与效率并不是绝对的此消彼长的关系，正如习近平总书记所说："不论处在什么发展水平上，制度都是社会公平正义的重要保证。"[②] 在我国社会主要矛盾发生转化的背景下，中国特色社会主义制度能够发挥其独特的弹性机制，更加注重社会的公平正义。一个既能富有更高的效

① 中共中央马克思恩格斯列宁斯大林著作编译局. 马克思恩格斯文集：第二卷 [M]. 北京：人民出版社，2009：53.

② 习近平. 习近平谈治国理政：第一卷 [M]. 北京：外文出版社，2014：97.

率又能保证社会公平正义的制度形态，必将在更大程度上、在更广范围内实现真实的自由、民主和人权。

（三）有利于形成治国理政的强大合力，更具有聚合能力

中国这样一个具有悠久历史、人口众多、民族多元、具有广袤国土面积又饱经沧桑的文明大国的治理，既不同于小国家，也不同于历史较短的新兴大国。中国的历史传承、文化传统和经济社会发展的现实都要求中国必须具有既符合国情又具有现代化元素的大国治理逻辑。与西方制度形态相比，中国特色社会主义制度形态更有利于形成治理国家的强大合力，具有更强的治理能力。这集中表现在两方面：一方面是能够发挥党的全面领导的制度优势，总揽全局、协调各方，既避免了西方式的党争纷沓、相互倾轧的现象，也避免了群龙无首、一盘散沙的现象，能够在保证大多数人利益的前提下实现各方面利益的整合，形成社会发展的合力。中共十九届三中全会通过了《中共中央关于深化党和国家机构改革的决定》和《深化党和国家机构改革方案》，将完善坚持党的全面领导的制度作为首要任务，这必将在更大程度上发挥这一制度的优势。另一方面是能够发挥以人民为中心的制度优势，把握人民群众是历史创造者的规律，通过群众路线、协商民主、基层自治等具体形式协调各方利益，找到全社会意愿和要求的最大公约数。

（四）有利于进行长远发展规划，更顾及长远利益

在整个社会范围内有计划地组织社会生产是科学社会主义

的一条基本原则。善于使用计划手段是人类社会的显著特征，从大大小小的企业到家庭和个人都有计划地设计未来的发展。但是，长期以来在全社会范围内需不需要、能不能进行有计划的社会生产存在分歧。西方资本主义制度形态奉行自由主义，认为市场只要靠"看不见的手"就可以自动调节，但始终无法克服资本主义的基本矛盾，出现个别企业生产的有组织性与整个社会的无政府状态之间的矛盾。苏联模式的传统社会主义制度形态教条式地理解科学社会主义，不顾生产力发展水平，把计划手段极端化，最终被贴上"计划"经济体制的标签抛入了历史。到今天，不管是西方还是东方，都认识到"计划"和"市场"都是经济社会发展的手段，而且随着社会演进的复杂化，计划特别是对未来的长远设计显得更为重要，但是西方政治制度的缺陷使得其政府不可能实施长远的规划。一方面，中国特色社会主义制度形态在坚持基本原则的前提下引入了现代市场经济，确立了独特的社会主义市场经济体制，成功实现了"看不见的手"与"看得见的手"相结合；另一方面，中国特色社会主义制度成功避免了西方式的代表不同利益集团的政党轮流执政的短视行为，也成功避免了一些国家走马灯似的国家领导层更替的乱局，已经形成了完善的一党执政下的领导层有序更替制度。"中国特色社会主义制度的一个重要创新，就是实现了国家领导层的有序更替"①，这必将能够有助于实施长远规划，实现国家和民族的长远发展。

（五）有利于保持社会稳定和民族团结，更具有稳定性

中国历史上的王朝更替、分分合合，特别是近代以来遭受的屈辱和灾难给中国人民和中华民族留下深刻的经验和教训。什么时候社会稳定、民族团结，什么时候就发展快；什么时候陷入战争和分裂，什么时候就会遭受曲折。治理中国这样一个大国，必须有一套制度体系既适应现代化发展要求，又能始终保持国家和社会的稳定、保持统一的多民族国家的安定团结。实践证明，中国特色社会主义制度形态具有突出的稳定性优势，集中体现在两方面：一方面，中国特色社会主义制度真正贯彻了民主集中制，将民主和集中统一起来，既避免了中国传统社会制度下的专制及其必然导致的"历史周期律"，也避免了无原则的民主导致的社会纷争和混乱无序。民主集中制不仅符合唯物辩证法基本原理，超越了那种将民主与集中对立起来的思维，而且非常适合中国的国情和社会发展实际。特别是在今天社会格局深刻变动、利益格局深刻调整变化中，只有贯彻民主集中制，才能保证有效地、最大限度地整合不同方面的利益，促进社会的和谐稳定。另一方面，中国特色社会主义制度形态是一种能够不断实现自我更新的制度设计，它以持续的改

---

① 秦刚.中国特色社会主义制度的比较优势［J］.中共中央党校学报，2015，19（6）：29-34.

革为特点，不断根据社会主要矛盾的发展变化实现自我完善和发展。制度的更加成熟、更加定型并不排斥制度的继续完善和发展，相反，形成制度的自我完善和发展机制本身就是其制度更加成熟、更加定型的内在要求和本质体现。实践发展永无止境，制度改革永远在路上。这样一种原则性与灵活性相统一，能与时俱进实现制度创新的制度形态，能够保证国家的长治久安。

（六）有利于承担国际责任和实现共赢，更具有包容性

国内外学术界都有一个共识，即我国制度形态的成功之处在于我们党非常乐意并且善于学习其他国家的制度经验，能够有选择地吸收、适应并移植到我国的制度形态上。① 事实上，中国特色社会主义制度形态的包容性不仅体现在其构建过程中对其他制度形态包括西方资本主义制度形态的优秀制度经验的学习和借鉴方面，更体现在其不强制输出自己的制度"模式"、不向外转嫁国家内部的危机、维护人类制度文明的多样性发展、推动构建人类命运共同体等方面，有利于承担更多的国际责任和实现共赢。而这一制度优势，当前学术界的研究中还没有足够的关注。评价一种制度形态优劣的标准，不能仅局限其是否为某一个国家或地区带来发展，而完全不顾及其是否承担国际责任、履行国际义务，更不考虑其是否将国内危机转嫁给

---

① 郑云天. 国外中国特色社会主义研究评析［M］. 北京：人民出版社，2016：86.

别的国家和地区。资本主义制度形态推动资本逻辑在全球范围内大行其道，客观上在解放生产力和全球化进程中发挥了积极作用，但是也带来极其严重的问题。尤论是早期通过战争和殖民，还是后来通过不平等的国际规则进行货币战争和贸易战争，甚至到今天某些国家仍在域外地区通过武力来转嫁国内危机，这些都以人类惨痛的代价证明了资本主义制度形态所固有的制度缺陷。相比之下，我国制度形态为人类走出现实困境提供了中国方案，这个方案就是"构建人类命运共同体，实现共赢共享"①。随着中国特色社会主义制度形态的不断完善和发展，这一制度优势将为解决人类问题做出更加积极的贡献。

---

① 习近平．习近平谈治国理政：第二卷［M］．北京：外文出版社，2017：539.

参考文献

一、专著

[1]《党的二十大报告辅导读本》编写组. 党的二十大报告辅导读本 [M]. 北京：人民出版社，2022.

[2]《党的十九大报告辅导读本》编写组. 党的十九大报告辅导读本 [M]. 北京：人民出版社，2017.

[3]《十八大报告学习辅导百问》编写组. 十八大报告学习辅导百问 [M]. 北京：党建读物出版社，学习出版社，2012.

[4] 陈旭麓. 近代中国社会的新陈代谢 [M]. 上海：上海社会科学院出版社，2006.

[5] 邓小平. 邓小平文选：第二卷 [M]. 北京：人民出版社，1994.

[6] 邓小平. 邓小平文选：第三卷 [M]. 北京：人民出版社，1994.

［7］樊纲．制度改变中国：制度变革与社会转型［M］．北京：中信出版社，2014.

［8］方绍伟．持续执政的逻辑［M］．北京：中国发展出版社，2016.

［9］福山．国家构建：21世纪的国家治理与世界秩序［M］．董胜强，许铭原，译．北京：中国社会科学出版社，2007.

［10］傅高义．邓小平时代［M］．冯克利，译．北京：生活·读书·新知三联书店，2013.

［11］韩大梅．新民主主义宪政研究［M］．北京：人民出版社，2005.

［12］韩庆祥，张健，张艳涛．中国特色社会主义基本原理：中国话语体系研究［M］．北京：人民出版社，2015.

［13］亨廷顿．变化社会中的政治秩序［M］．王冠华，刘为，等译．北京：生活·读书·新知三联书店，1989.

［14］亨廷顿．文明的冲突与世界秩序的重建［M］．周琪，等译．北京：新华出版社，1998.

［15］胡锦涛．胡锦涛文选：第二卷［M］．北京：人民出版社，2016.

［16］胡锦涛．胡锦涛文选：第三卷［M］．北京：人民出版社，2016.

［17］黄一兵．中国特色社会主义制度［M］．广州：广东教育出版社，2014.

［18］吉登斯．现代性的后果［M］．田禾，译．南京：译林出版社，2000.

［19］江必新，王红霞．国家治理现代化与制度构建［M］．北京：中国法制出版社，2016.

［20］江泽民．江泽民文选：第三卷［M］．北京：人民出版社，2006.

［21］江泽民．论党的建设［M］．北京：中央文献出版社，2001.

［22］金观涛，刘青峰．兴盛与危机：论中国社会超稳定结构［M］．北京：法律出版社，2011.

［23］靳诺，刘伟．民族复兴的制度蓝图［M］．北京：中国人民大学出版社，2020.

［24］康芒斯．制度经济学：上［M］．于树生，译．北京：商务印书馆，1962.

［25］林尚立，等．制度创新与国家成长：中国的探索［M］．天津：天津人民出版社，2005.

［26］罗尔斯．正义论［M］．何怀宏，何包钢，廖申白，译．北京：中国社会科学出版社，1988.

［27］马克思．资本论［M］．郭大力，王亚南，译．上海：上海三联书店，2013.

［28］毛泽东选集：第二卷［M］．北京：人民出版社，1991.

［29］毛泽东选集：第四卷［M］．北京：人民出版社，1991.

[30] 诺思. 制度、制度变迁与经济绩效 [M]. 杭行, 译. 上海：格致出版社, 上海人民出版社, 2008.

[31] 秦刚. 中国特色社会主义道路研究 [M]. 北京：中共中央党校出版社, 2017.

[32] 师哲, 李海文. 在历史巨人身边：师哲回忆录 [M]. 北京：中央文献出版社, 1995.

[33] 中共中央文献研究室. 十一届三中全会以来重要文献选读：上册 [M]. 北京：人民出版社, 1987.

[34] 斯密. 国民财富的性质和原因的研究：上卷 [M]. 郭大力, 王亚南, 译. 北京：商务印书馆, 2014.

[35] 斯塔夫里阿诺斯. 全球通史：从史前史到21世纪 [M]. 董书慧, 王昶, 徐正源, 译. 北京：北京大学出版社, 2005.

[36] 田国强, 陈旭东. 中国改革：历史、逻辑和未来 [M]. 北京：中信出版社, 2014.

[37] 托克维尔. 旧制度与大革命 [M]. 冯棠, 译. 北京：商务印书馆, 2014.

[38] 王怀超, 秦刚. 科学社会主义基本理论 [M]. 北京：中共中央党校出版社, 2016.

[39] 王怀超. 历史转折时期的沉思 [M]. 北京：中共中央党校出版社, 1999.

[40] 王怀超. 社会发展理论研究 [M]. 北京：中共中央党校出版社, 2016.

［41］王新颖.奇迹的建构：海外学者论中国模式［M］.北京：中央编译出版社，2011.

［42］习近平.习近平谈治国理政：第二卷［M］.北京：人民出版社，2017.

［43］习近平.习近平谈治国理政：第一卷［M］.北京：人民出版社，2014.

［44］肖贵清.中国特色社会主义制度基本问题研究［M］.北京：人民出版社，2013.

［45］肖前.马克思主义哲学原理［M］.北京：中国人民大学出版社，2006.

［46］辛鸣.制度论：关于制度哲学的理论建构［M］.北京：人民出版社，2005.

［47］雅克.当中国统治世界：中国的崛起和西方世界的衰落［M］.张莉，刘曲，译.北京：中信出版社，2010.

［48］阎树群.中国特色社会主义制度的理论探索：从毛泽东到胡锦涛［M］.西安：陕西师范大学出版社，2012.

［49］阎树群.中国特色社会主义自我完善论［M］.北京：中国社会科学出版社，2011.

［50］杨光斌.政治变迁中的国家与制度［M］.北京：中央编译出版社，2011.

［51］张西山.中国特色社会主义的制度文化分析［M］.北京：社会科学文献出版社，2013.

［52］张兴茂，郭强，关海宽，等．马克思主义社会形态理论视域中的中国特色社会主义制度研究［M］．北京：中国社会科学出版社，2015．

［53］张占斌，等．制度制胜：中国国家治理的制度优势［M］．北京：中共中央党校出版社，2020．

［54］赵纪梅．中国特色社会主义制度解读［M］．北京：九州出版社，2014．

［55］赵启正，约翰·奈斯比特，多丽丝·奈斯比特．对话：中国模式［M］．北京：新世界出版社，2010．

［56］郑永年．中国模式：经验与困局［M］．杭州：浙江人民出版社，2010．

［57］郑云天．国外中国特色社会主义研究评析［M］．北京：人民出版社，2016．

［58］中共中央党史研究室第三研究部．中国改革开放30年［M］．沈阳：辽宁人民出版社，2008．

［59］中共中央关于全面深化改革若干重大问题的决定［M］．北京：人民出版社，2013．

［60］中共中央马克思恩格斯列宁斯大林著作编译局．列宁全集：第1卷［M］．北京：人民出版社，2013．

［61］中共中央马克思恩格斯列宁斯大林著作编译局．马克思恩格斯全集：第15卷［M］．北京：人民出版社，1963．

［62］中共中央马克思恩格斯列宁斯大林著作编译局．马

克思恩格斯全集：第 37 卷［M］．北京：人民出版社，1971.

［63］中共中央马克思恩格斯列宁斯大林著作编译局．马克思恩格斯全集：第 3 卷［M］．北京：人民出版社，1960.

［64］中共中央马克思恩格斯列宁斯大林著作编译局．马克思恩格斯全集：第 42 卷［M］．北京：人民出版社，1979.

［65］中共中央马克思恩格斯列宁斯大林著作编译局．马克思恩格斯文集：第 1 卷［M］．北京：人民出版社，2009.

［66］中共中央马克思恩格斯列宁斯大林著作编译局．马克思恩格斯选集：第 10 卷［M］．北京：人民出版社，2009.

［67］中共中央马克思恩格斯列宁斯大林著作编译局．马克思恩格斯选集：第 2 卷［M］．北京：人民出版社，2009.

［68］中共中央马克思恩格斯列宁斯大林著作编译局．马克思恩格斯选集：第 3 卷［M］．北京：人民出版社，2009.

［69］中共中央马克思恩格斯列宁斯大林著作编译局．马克思恩格斯选集：第 5 卷［M］．北京：人民出版社，2009.

［70］中共中央马克思恩格斯列宁斯大林著作编译局．斯大林选集：下卷［M］．北京：人民出版社，1979.

［71］中共中央文献研究室．建国以来重要文献选编：第九册［M］．北京：中央文献出版社，1994.

［72］中共中央文献研究室．建国以来重要文献选编：第一册［M］．北京：中央文献出版社，1992.

［73］中共中央文献研究室．毛泽东文集：第八卷［M］．

北京：人民出版社，1999.

[74] 中共中央文献研究室. 毛泽东文集：第七卷 [M].
北京：人民出版社，1999.

[75] 中共中央文献研究室. 毛泽东文集：第五卷 [M].
北京：人民出版社，1996.

[76] 中共中央文献研究室. 十六大以来重要文献选编：
中 [M]. 北京：中央文献出版社，2006.

[77] 中共中央文献研究室. 十四大以来重要文献选编：
上 [M]. 北京：人民出版社，1996.

[78] 中共中央文献研究室. 十五大以来重要文献选编：
上 [M]. 北京：人民出版社，2000.

[79] 中国共产党第十八届中央委员会第三次全体会议公
报 [M]. 北京：人民出版社，2013.

二、期刊

[1] 包心鉴. 论中国特色社会主义制度 [J]. 新视野，2011
(6).

[2] 包心鉴. 中国制度何以自信 中国制度的本质、特色、
优势 [J]. 理论导报，2015 (5).

[3] 本刊评论员，叶庆丰. 坚持和完善中国特色社会主义
制度：社会主义理论前沿问题（三）[J]. 科学社会主义，
2011 (5).

[4] 程恩富.马克思主义制度经济理论探讨 [J].学习与探索, 2009 (3).

[5] 冯德军.对中国特色社会主义制度基本问题的理论思考 [J].学术交流, 2011 (9).

[6] 福山.福山：中国模式的特征与问题 [J].社会观察, 2011 (1).

[7] 顾钰民.论坚定中国特色社会主义制度自信 [J].思想理论教育, 2013 (23).

[8] 韩庆祥.中国特色社会主义的独特优势：坚定道路自信、理论自信、制度自信 [J].中国社会科学, 2013 (1).

[9] 侯远长.中国特色社会主义制度体系探析 [J].中州学刊, 2011 (6).

[10] 黄晓波.中国特色社会主义制度：构成、特点与完善 [J].马克思主义研究, 2011 (9).

[11] 贾绘泽.国外学者政要论中国特色社会主义制度优势的根源综述 [J].高校社科动态, 2016 (2).

[12] 卡鲁尼, 孟秋.中国的后社会主义转型：作为文化变迁的制度变迁 [J].马克思主义与现实, 2011 (4).

[13] 李慎明.坚持和推进社会主义制度自我完善和发展：学习胡锦涛《在庆祝中国共产党成立 90 周年大会上的讲话》的体会 [J].毛泽东邓小平理论研究, 2011 (9).

[14] 李慎明.如何认识中国特色社会主义制度 [J].理

论导报, 2012 (12).

[15] 林怀艺. 论中国特色社会主义制度 [J]. 云南社会科学, 2011 (6).

[16] 刘先春, 朱延军. 中国特色社会主义法律体系建设的回顾与展望 [J]. 毛泽东邓小平理论研究, 2009 (8).

[17] 梅荣政. 完善中国特色社会主义制度的方法论思考 [J]. 思想理论教育导刊, 2013 (6).

[18] 孟鑫. 推进国家治理体系和治理能力现代化是完善和发展中国特色社会主义制度的必由之路 [J]. 科学社会主义, 2014 (2).

[19] 秦刚. 中国特色社会主义制度的比较优势 [J]. 中共中央党校学报, 2015, 19 (6).

[20] 秦宣. 中国特色社会主义制度的多层次解读 [J]. 教学与研究, 2013 (1).

[21] 秦正为. 中国特色社会主义制度体系的形成及其历史意义 [J]. 探索, 2012 (1).

[22] 邵景均. 抗震救灾彰显我国政治制度的优越性 [J]. 求是, 2008 (13).

[23] 王怀超. 当代中国改革进入新的发展阶段 [J]. 科学社会主义, 2013 (6).

[24] 肖贵清. 论中国模式研究的马克思主义话语体系 [J]. 南京大学学报 (哲学·人文科学·社会科学版), 2011, 48 (1).

[25] 辛向阳. 中国特色社会主义制度的三个基本问题探析 [J]. 理论探讨, 2012 (2).

[26] 徐保军. 中国特色社会主义制度的形成逻辑构建 [J]. 求实, 2015 (5).

[27] 徐红. 中国特色社会主义制度形成和发展初探 [J]. 阜阳师范学院学报 (社会科学版), 2011 (6).

[28] 严书翰. 坚持和完善中国特色社会主义制度的思考 [J]. 党建研究, 2011 (9).

[29] 阎树群, 张艳娥. 中共民主革命时期制度建设的内在逻辑与现实启示 [J]. 陕西师范大学学报 (哲学社会科学版), 2015, 44 (2).

[30] 袁绪程. 中国传统社会制度研究 [J]. 改革与战略, 2003 (10).

[31] 张建祥. 理论·实践·价值·制度——"中国特色社会主义"科学内涵的四维解读 [J]. 当代世界与社会主义, 2010 (2).

[32] 张严. 国外关于中国特色社会主义研究的核心问题与解读范式 [J]. 当代世界与社会主义, 2013 (5).

[33] 张艳娥. 中国特色社会主义制度自我完善能力的内在逻辑探析 [J]. 科学社会主义, 2016 (4).

[34] 周思玉. 当代中国制度变迁的动因与过程分析 [J]. 理论与改革, 2001 (2).

[35] 周业安. 中国制度变迁的演进论解释 [J]. 经济研究, 2000 (5).

[36] 朱颖原. 中国特色社会主义的价值认同 [J]. 科学社会主义, 2012 (5).

三、报纸

[1] 包心鉴. 人民民主：中国特色社会主义制度的本质 [N]. 学习时报, 2011-09-26 (3).

[2] 李君如. 中国特色社会主义制度具有强大韧性：中国制何以自信之二 [N]. 人民日报, 2015-06-12 (7).

[3] 刘海涛. 坚持和完善中国特色社会主义制度：中央党校 中国特色社会主义理论体系研究中心 [N]. 光明日报, 2011-10-12 (1).

[4] 任理轩. 当代中国发展进步的根本制度保障：关于坚持和完善中国特色社会主义制度的思考 [N]. 人民日报, 2012-06-13 (7).

[5] 宋鲁郑. 中国的政治制度何以优于西方 [N]. 前进论坛, 2010 (5)：15-17.

[6] 肖贵清. 在实践中坚持和完善中国特色社会主义制度 [N]. 中国社会科学报, 2013-02-20 (B3).

[7] 辛向阳. 当代中国发展的制度基石：论中国特色社会主义制度体系 [N]. 中国青年报, 2011-07-25 (2).

［8］徐觉哉 . 国外学术界热评中国特色社会主义 ［N］. 社会科学报，2008-04-24（7）.

四、其他文献

［1］谷耀宝 . 中国特色社会主义制度价值简论 ［D］. 北京：中共中央党校，2014.

［2］辛鸣 . 制度论：哲学视野中的制度与制度研究 ［D］. 北京：中共中央党校，2004.

［3］张艳娥 . 中国特色社会主义制度创新研究 ［D］. 西安：陕西师范大学，2014.